教育部人文社会科学研究规划基金项目成果（22YJ

城市体育消费新场景的 》》》》》

生成机理与培育路径

何浩　李娜娜　著

四川大学出版社
SICHUAN UNIVERSITY PRESS

图书在版编目（CIP）数据

城市体育消费新场景的生成机理与培育路径 / 何浩，
李娜娜著． -- 成都：四川大学出版社，2025. 3.
ISBN 978-7-5690-7485-7

Ⅰ．G80-05

中国国家版本馆 CIP 数据核字第 2025NM6493 号

书　　名：城市体育消费新场景的生成机理与培育路径
　　　　　Chengshi Tiyu Xiaofei Xin Changjing de Shengcheng Jili yu Peiyu Lujing
著　　者：何　浩　李娜娜

选题策划：许　奕
责任编辑：曾　鑫
责任校对：吴　丹
装帧设计：墨创文化
责任印制：李金兰

出版发行：四川大学出版社有限责任公司
　　　　　地址：成都市一环路南一段 24 号（610065）
　　　　　电话：（028）85408311（发行部）、85400276（总编室）
　　　　　电子邮箱：scupress@vip.163.com
　　　　　网址：https://press.scu.edu.cn
印前制作：四川胜翔数码印务设计有限公司
印刷装订：四川煤田地质制图印务有限责任公司

成品尺寸：170 mm×240 mm
印　　张：10.5
字　　数：220 千字

版　　次：2025 年 3 月 第 1 版
印　　次：2025 年 3 月 第 1 次印刷
定　　价：50.00 元

扫码获取数字资源

四川大学出版社
微信公众号

前言

　　要推动体育产业成为国民经济支柱性产业，离不开体育产业高质量发展与体育消费创新驱动的双重驱动。在城市体育消费领域，以特定场地与设施设备为载体，以赛事活动、健身休闲等体育服务为核心，以新技术、新模式、新业态为特色，满足人民对幸福美好生活的体育需求，激发城市体育消费活力的新场景持续涌现，成为驱动城市体育消费升级的核心动能。为此，笔者系统剖析城市体育消费新场景的生成机理，探索其培育路径，旨在为培育城市体育消费增长点、满足居民日益增长的体育需求、助力国家体育消费试点城市建设、推动体育产业高质量发展提供理论支撑与实践参考。

　　《城市体育消费新场景的生成机理与培育路径》由 2022 年教育部人文社会科学研究"新发展阶段城市体育消费新场景的生成机理与培育路径研究"项目资助，项目编号 22YJA890003。项目由何浩（成都师范学院）主持完成。项目组成员包括李娜娜（河南理工大学）、董光静（四川大学）、牟骏睿（重庆理工大学）、张子雄（重庆科技学院）、王现强（成都师范学院）。本书由成都师范学院何浩和河南理工大学李娜娜合著完成。其中何浩负责第一章、第三章、第五章、第六章的撰写。李娜娜负责第二章、第四章、第七章的撰写。本研究通过实地考察与文献分析，系统揭示体育消费新场景的生成规律与培育路径，旨在丰富体育产业理论体系，并为城市体育消费新场景的构建提供实践指导，助力国家体育消费试点城市建设。

目　录

第一章 概 论

《中共中央关于制定国民经济和社会发展第十四个五年规划和二〇三五年远景目标的建议》提出了加快构建新发展格局的目标，即以国内大循环为主体，同时推动国内国际双循环相互促进。在新发展阶段，体育产业的高质量发展离不开体育消费的创新驱动。消费既是国民经济循环的终点，也是新的起点，更是加快释放内需潜力、增强经济发展动力的主要着力点[①]。在城市体育消费中，以特定场地和设施设备为基础，结合赛事活动、健身休闲等服务，采用新技术、新模式、新业态，满足人民对幸福美好生活的体育需求，推动城市体育消费活力的不断增长，形成新的消费场景，并成为城市体育消费的重要推动力量。为了推动体育产业成为国民经济支柱性产业，国家先后颁布了以下相关文件（表1-1）。

表1-1　国家关于促进体育消费颁布的相关文件

文件名称	发文机关	时间
国务院关于加快发展体育产业促进体育消费的若干意见	国务院	2014年10月20日
国务院办公厅关于进一步扩大旅游文化体育健康养老教育培训等领域消费的意见	国务院办公厅	2016年11月28日
国务院办公厅关于促进全民健身和体育消费推动体育产业高质量发展的意见	国务院办公厅	2019年9月17日
体育总局发展改革委关于印发《进一步促进体育消费的行动计划（2019—2020年）》的通知	体育总局　发展改革委	2019年11月15日
体育总局办公厅印发《关于体育助力稳经济促消费激活力的工作方案》的通知	体育总局办公厅	2022年7月7日

党的二十大报告提出，要加快构建新发展格局，着力推动高质量发展。报告

---

① 孙侃然，柳舒扬，曾鑫峰. 新发展格局下体育消费如何影响城市经济发展——基于江苏省重点城市面板数据的实证分析［J］. 西安体育学院学报，2023，40（2）：156-166.

特别指出，要"着力扩大内需，增强消费对经济发展的基础性作用和投资对优化供给结构的关键作用"①。城市体育的高质量发展是实现体育强国目标的重要保障，同时，体育强国建设也是推动城市体育高质量发展的重要契机②。因此，在构建"双循环"新发展格局下，深入研究城市体育消费新场景具有重要意义。

一、满足人民日益增长的体育需求

在西方经济学的理论框架中，"需求"（demand）被定义为消费者在特定时空内、在某一价格水平上愿意且能够购买的商品或劳务数量。这里讨论的有效需求是指消费者购买欲望和支付能力的有机统一，任何条件的缺失都无法构成真正的需求。当涉及体育产品和体育服务时，这种需求被称为体育需求。与一般需求的不同之处在于，体育需求的实现不仅要求消费者具备体育参与愿望和经济支付能力，还需要拥有足够的闲暇时间。因此，相对于一般需求而言，体育需求的特殊性在于，除了需要满足基本的需求条件（即购买愿望和支付能力）之外，还需要消费者拥有足够的闲暇时间。

体育需求可分为个体体育需求和体育市场需求。个体体育需求指的是单个消费者或家庭对特定体育产品的需求，包括但不限于个人对健身器材的需求（以便在家中进行锻炼），对运动服饰的需求（以提高运动的舒适度和表现），以及对体育课程和培训的需求（以提升技能水平）。体育市场需求则是市场上某一体育产品所有个体需求的综合体现，例如消费者对运动鞋市场、体育赛事直播、运动装备市场或体育培训市场的总体需求。个体需求构成了市场需求的基础，而市场需求则是所有个体需求的综合体现。

随着改革开放和经济的快速发展，人们的生活水平已从温饱提升到小康。城市居民的生活发生了显著变化，尽管经济收入有所提高，但生活节奏的加快以及长时间办公室工作的普及，使得他们能够参与体育活动的时间明显减少。因此，他们希望通过体育锻炼来调节情绪、改善身体状况，以便更好地适应快节奏的生活和工作环境。这导致人们对体育消费的需求持续增长。Aoki 和 Yoshikawa③从需求角度提出的"需求创造理论"认为，经济增长受需求饱和的约束，而新需

---

① 习近平. 高举中国特色社会主义伟大旗帜 为全面建设社会主义现代化国家而团结奋斗 [N]. 人民日报，2022—10—26 (1).

② 孙文树. 体育强国：城市体育高质量发展的理论与实践——"落实十九届五中全会体育强国精神建言献策双向交流会"学术综述 [J]. 体育与科学，2021，42 (1)：6—11.

③ Aoki M, Yoshikawa H. Demand saturation-creation and economic growth [J]. Journal of Economic Behavior & Organization, 2002, 48 (2)：127—154.

求的出现是推动经济长期增长的根本动力①。人们的体育需求主要体现在生理需求、心理需求和社会交往需求三个方面。其中，生理需求主要表现在体育康复训练、健身和减肥等方面；心理需求则集中于缓解心理压力和追求形体美；而社会交往需求源于参与体育集体活动有助于增进情感交流，改善人际关系。

根据财政部在 2020 年至 2022 年发布的数据（图 1-1），我国居民的人均可支配收入和消费支出呈现如下情况：2020 年，全国人均可支配收入为 32189 元，居民人均消费支出为 21210 元，其中教育体育文化娱乐支出为 2032 元，占总消费支出的 9.6%；2021 年，全国人均可支配收入提升至 35128 元，居民人均消费支出为 24100 元，其中教育体育文化娱乐支出为 2599 元，占总消费支出的 10.8%；而到了 2022 年，全国居民人均可支配收入达到 36886 元，居民人均消费支出为 24538 元，其中教育体育文化娱乐支出为 2469 元，占总消费支出的 10.1%。这三年的数据反映出体育文化消费总体呈增长趋势，每位居民的人均消费支出仍有较大的增长潜力。

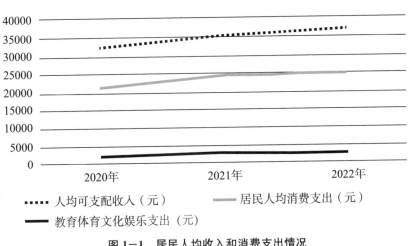

图 1-1　居民人均收入和消费支出情况

中国的城市群正处于不断发展和转型之中，其发展受到人口、物流、交通、区域经济增长模式等多方面因素的影响。各大城市群的战略地位和发展层次也在持续变化。在"十三五"规划之前，我国仅将长三角、珠三角和京津冀三大城市群纳入国家战略规划。随后，随着城市化进程的推进，我国城市群的发展重心逐渐从三大城市群的集中发展模式向"十四五"规划纲要中提出的 19 个主要城市群协调发展模式转变。城市经济的迅猛发展带动了城乡居民收入的持续增长，居民消费水平稳步提高，消费结构逐步优化。同时，国民健康意识和生活质量意识

① 孙皓，胡鞍钢. 城乡居民消费结构升级的消费增长效应分析［J］. 财政研究，2013（7）：56-62.

也不断提升，休闲时间逐渐增多。与此相应的是，城市居民对体育的需求日益增长，体育消费的潜力也在不断扩大。人们对体育活动的需求将进一步呈现多样化趋势，对体育场馆的场景需求也将更加多元化。

体育消费是指购买或使用物质和精神产品以满足体育需求的行为和过程①。随着体育运动日益融入日常生活，社会化、市场化和产业化趋势不断加强，运动群体的需求也呈现出分化的趋势，主要体现在以下两个方面：第一，多元化运动场景的兴起和普及催生了全新的运动需求。这种多元化主要体现在小众运动场景的崛起、专业型运动场馆的增多以及小众健身器材的广泛普及上。这些变化使得追求多样性的运动爱好者不再局限于传统的主流运动项目。小众运动项目不仅趣味性强且具有娱乐性，还成为个性化生活方式的重要标志。第二，不同细分群体的运动类型和运动诉求呈现出更加细致化的趋势。关注健康已成为最基本的运动需求，而改善外观、缓解压力、社交养生等也逐渐成为重要的运动动力。

我国的体育消费需求正逐步上升并呈现增长趋势，国家统计局的数据显示，1980 年的人均消费水平为 211 元，1990 年为 768 元，是前者的 3.64 倍。2000 年的人均消费水平为 2914 元，相较于 1990 年增长了 3.8 倍。在 2000 年之后的近 20 年里，我国人均消费水平以平均每年 8% 的速度持续增长。

我国人民生活消费水平的不断提高，必然带动体育消费需求的增长。进入 21 世纪后，随着我国人民的生活消费水平达到小康标准，体育消费将进一步向多样化和社会化方向发展。随着居民闲暇时间显著增加，人们在学习、娱乐以及体育消费方面所投入的时间和费用也相应增加。这将促使人们在物质和精神文化消费方面追求更为丰富多彩的体验，从而在很大程度上激发体育消费需求。随着人们在日常工作中体力支出的减少，为了保持充沛精力和维持健康状态，越来越多的人将参与各种体育活动。这种趋势将进一步推动体育消费需求的增长。

我国休闲体育市场大致可分为以下三个层次：①高收入阶层，包括最富有阶层和富有阶层；②中产阶层，即所谓的小康阶层；③低收入阶层，包括绝对贫困阶层、贫困阶层以及温饱阶层②。不同消费阶层具有各自独特的生活方式，而不同生活方式的群体对体育消费也存在差异。此外，不同年龄段的用户对体育运动的需求也表现出显著差异：青少年倾向于参与高强度健身运动以塑形；中年人更偏好休闲型运动以缓解压力和维持健康体重；而老年人则更关注社交与养生结合的活动方式。

---

① 胡艳. 四川省城乡居民体育消费行为差异及影响因素分析 [J]. 成都体育学院学报，2014，40 (9)：39—43.

② 胡春旺，郭文革. 我国城市休闲体育市场的消费阶层分析及发展对策 [J]. 北京体育大学学报，2004 (11)：1461—1463.

二、培育城市体育消费增长点

在新常态的大背景下，中央将体育健身明确为新的经济增长点，并将其纳入六大消费增长领域。当前，我国体育产业增加值约占 GDP 的 1% 左右，而全球范围内体育产业在 GDP 中的比重通常为 2% 至 3% 之间。这表明国内体育产业市场仍具有巨大的增值空间。根据《国务院关于加快发展体育产业促进体育消费的若干意见》，到 2025 年，中国体育产业总规模将达到 5 万亿元，这意味着体育消费新场景将催生出万亿级的发展机遇。自党的十八大以来，体育产业已成为我国经济发展的新增长引擎，《体育强国建设纲要》更是明确提出推动体育产业成为国民经济支柱性产业的目标。当前，体育产业链纵向延伸明显，带动了旅游、文化、经贸、农产品、制造等多个领域的发展。冬奥会的成功举办进一步激发了中国体育产业的快速发展态势。未来，只要加速培育和推动相关产业发展，体育产业必将成为我国经济高质量发展的重要引擎。

体育产业是为社会公众提供体育产品及相关服务的经济活动集合。其繁荣不仅是社会文明进步的重要标志，更是促进经济发展的重要手段。一场马拉松或城市体育赛事，在打造网红经济（IP）的基础上，能够巧妙地将背后相关联的产业紧密结合，带动餐饮、旅游、购物、娱乐等多重消费，形成衍生价值。随着产业链日益成熟，体育与科技、教育、文化、旅游、医疗、信息等产业的融合发展进一步深化。通过打造体育公园、体育旅游基地、户外运动营地等新兴体育消费场景，推行体育消费券，全面恢复全民健身和体育竞赛活动，健全政策体系和机制建设，以"体育+"模式融合相关产业，创新生产方式、服务方式和商业模式，形成内部产业集聚效应，在外部扩大"体育朋友圈"，激发体育产业对经济发展的助推作用。

根据央视财经频道的报道，2020 年我国人均体育消费金额同比增长超过30%。国家体育总局和国家发展改革委联合发布的《进一步促进体育消费的行动计划（2019—2020 年）》指出，2020 年全国体育消费总规模达到 1.5 万亿元。按照全国 14.1 亿人口计算，人均体育消费金额达到 1063.8 元，占全国居民人均消费支出的 5.02%。我国体育消费结构呈现三大特点：第一，传统的体育服装、器材等实物性消费正在逐步被赛事门票、健身培训等服务型消费所取代。第二，民众对新型户外运动项目如骑行、水上运动、冰雪运动、攀岩、垂钓、马拉松和马术的需求持续增长。第三，体育新媒体营销市场的观众群体不断扩大，而体育综艺和真人秀等节目的热播也为体育产业的消费潜力注入了新的活力。

从全球经济发展规律来看，当一个经济体的人均国内生产总值达到 1 万美元时，其体育产业便开始启动并迅速蓬勃发展。2019 年我国的人均国内生产总值突破 1 万美元，体育消费加速扩张。在"十三五"时期，我国居民体育消费复合年均盈利增速达到了 12.5%，而同期居民消费支出复合年均名义增速为 6.5%。

在体育产业方面，观察"十三五"前四年，我国体育产业增加值实际复合年均增速达到了 16.5%，而同期我国 GDP 实际复合年均增速仅为 6.7%。中国体育产业迸发出的蓬勃生机并非偶然，我国体育产业还将迎来更大的发展黄金期，但城市体育消费场景普遍存在功能单一、空间简陋、流量不稳定、商业变现能力差等问题。

通过"体育+旅游"的方式打造跨城市甚至跨国的体育旅游线路，并完善相关配套设施，吸引更多人参与或观赏体育赛事，是一种有效的发展策略。通过举办世界级体育赛事及品牌活动，可以提升城市品牌知名度，进而带动餐饮、酒店等相关行业实现倍增式发展。借助智能化、数字化和互联网化手段，利用科技提升用户参与体验，同时建立体育社交平台并推广智能穿戴运动设备等，将有助于推动城市体育消费的全面发展。这不仅能够助力城市体育消费水平和质量的提升，更能为城市经济发展注入新的动能。

城市居民具有一定的体育消费意识，其参与体育活动并进行体育消费的主要原因包括强身健体——消遣娱乐——健美减肥——治疗疾病等。[①] 国家统计局数据显示，2012 年以前我国人均食品和衣着消费支出相对较高，2012 年后这两项支出的增速显著放缓。与此同时，教育、文化与娱乐支出作为新型消费的重要组成部分，在 2012 年以后呈现出明显的增长态势，且其增速高于整体居民人均消费支出水平。这表明，教育、文化与娱乐支出在引领居民消费升级中发挥着关键作用。

在当前扩大内需、促进居民消费持续增长的背景下，新型消费发挥着至关重要的作用，而体育消费作为其中的重要发展方向之一，正迎来快速增长的机遇。未来，体育消费有望在国家战略层面发挥更重要的作用。为了让体育产业成为我国经济的重要支柱产业，还需要培育新的体育消费场景。这需要进一步挖掘城市体育消费的增长点，充分释放城市居民的体育消费潜力。

三、助力国家体育城市建设

2020 年 8 月 25 日，国家体育总局发布《体育总局关于公布国家体育消费试点城市名单的通知》，正式公示了国家体育消费试点城市名单。此举旨在贯彻落实《国务院办公厅关于促进全民健身和体育消费推动体育产业高质量发展的意见》。根据《体育总局办公厅关于开展国家体育消费试点城市申报工作的通知》，

---

① 周挺. 成都市城市居民家庭体育消费现状调查 [J]. 成都体育学院学报，2005 (2)：32—34.

在各省级体育局推荐的基础上，经过专家评审，最终确定了试点城市名单。通知要求各省级体育局负责牵头组织本地区试点工作，并督促相关城市切实落实试点工作方案，推动体育消费在机制、政策、模式和产品等方面实现创新，确保试点工作取得实效。通过这一系列举措，旨在为促进体育消费探索更多经验，作出更大贡献。

2020年，国家体育总局在全国范围内启动了促进体育消费的试点工作。该试点工作旨在遴选一批试点城市，在体育消费机制、政策、模式和产品等方面进行探索与创新，形成一批可复制推广的典型经验和做法。通过"以点带面"的方式，推动我国体育消费规模稳步扩大，优化消费结构，为稳就业、促增长、扩内需和惠民生作出积极贡献。

国家体育城市建设应坚持新发展理念，不断完善促进体育消费的体制机制，持续优化体育消费市场环境，并推动高品质体育公共服务实现倍增效应。根据相关研究①，体育产业具有较强的产业关联性，对国民经济具有显著的辐射和波及作用，能够带动相关产业部门发展。因此，促进体育消费不仅有助于推动产业发展、提升城市能级，更能加快体育产业成长为核心的战略性支柱产业。为此，各地纷纷推出了一系列具体举措，包括发布体育产业机会清单、推动政策落地实施、举办促进消费活动等。此外，还通过健全体育诚信体系、制定体育项目标准、深化证照分离改革等措施来完善行业规范。在基础设施和产业生态方面，加快了产业生态圈建设，强化功能区项目招引，并发展时尚消费以提升赛事吸引力。同时，优化公共场馆利用、扶持本地体育品牌、规范发展体育组织以及提升会展品牌也是重要手段。此外，通过指导全民健身、拓展健身人群、深化区域合作等措施，进一步推动文体旅融合创新和数字消费升级，合理布局体育设施，打造培育示范载体，最终实现体育产业的高质量发展。

近年来，各试点城市通过积极探索与实践，在机制创新、政策创新、模式创新和产品创新等方面取得了显著成果。各试点城市纷纷建立了完善的工作推进机制，包括加强体育消费的统计监测、设立目标考核机制和完善市场监督机制等，从而保障了体育消费机制的平稳健康发展。在政策支持方面，各地政府根据本地体育产业发展的实际情况，不断完善促进体育消费高质量发展的政策体系。通过财政补贴、税收减免等多种方式，有效激发了市场活力，繁荣了体育消费市场。同时，各地政府积极运用新技术手段，推动"体育＋"消费新模式的发展，以满足居民日益多样化的消费需求。此外，各试点城市还不断推动体育消费产品的创新，开发出更多符合市场需求的产品和服务，进一步提升了体育消费的吸引力和

---

① 谢旭东，周生旺，孙庆祝. 体育产业与城市发展的互动关系及其耦合演化过程研究［J］. 天津体育学院学报，2009，24（5）：427－430.

影响力。

总的来看，开展促进体育消费试点工作具有以下几个方面的积极影响：一是能够从"需求侧"倒逼"供给侧"实现高质量发展。随着各城市试点工作的不断推进，居民体育消费水平将逐步提高，对体育产品与服务质量的提升提出更高要求。这将推动产业链各类型企业加快转型升级步伐，以适应体育消费改善与提升的趋势。二是为改善民生汇集政府与社会各类资源。在试点工作过程中，国家体育总局要求各试点城市完善促进体育消费的政策措施，深化"简政放权、放管结合、优化服务"改革，激发体育市场活力。这将促使政府和社会的各种资源向体育消费领域聚集，为体育产业及相关企业发展提供强有力的资源支持，进一步增强市场发展预期。三是能够为城市更新拓展更加丰富的内容与方向。体育消费的发展离不开场地设施的支撑，试点工作带来的体育场地设施建设、改造与提升为城市更新提供了新的内容和方向。例如，老旧厂房设施如何转变为高水平运动场馆，办公场所如何改造为特色化运动空间等，都将成为现实课题。这不仅为体育场馆建设与管理企业提供了发展机遇，也为推动城市更新与体育产业的有机结合创造了良好条件。

强化体育市场主体的招引和培育，扶持一批具有引领作用的体育产业化示范项目，打造一批"体育消费新场景"。在涉体产业功能区的高品质科创空间规划建设及产业链招商工作中，提供赛事引进与培育、产业政策支持、重大项目招引、创新能力建设等方面的针对性服务。通过搭建高端会展平台，举办体育产业峰会、体育消费博览会等活动，以及面向市民发放健身消费补贴等举措，引导市民积极参与体育健身休闲活动，激发体育消费市场的活力。这些举措将进一步提升体育消费的创新能力，助力构建更加完整的体育产业生态。

创新实施"链主＋链条"模式，以体育装备和体育服务两大产业链条为引领，以网球、水上运动、足球等运动项目的龙头企业作为支撑力量，着力推动具有本地特色鲜明的体育产业集群、领军企业、优势产品和高端品牌建设。通过这一系列举措，加速形成更具创新力、更高附加值、更安全可靠的体育产业链供应链格局。同时，围绕新的体育消费场景，激发更多人群参与热情和关注度，进一步扩大市场需求，带动相关产业发展，为国家体育城市建设注入强劲动力。

四、促进城市体育产业高质量发展

2017 年党的十九大报告明确提出"高质量发展"的表述，标志着我国经济由高速增长阶段转向高质量发展阶段。2020 年，党的十九届五中全会进一步指出，"十四五"时期经济社会发展要以推动高质量发展为主题。在 2021 年全国两会期间，习近平总书记在参加代表团审议时多次强调了"高质量发展"的重要性。当前，中国经济已从高速增长转向高质量发展新阶段。因此，体育产业也必须将高质量发展作为核心目标，坚持质量第一、效益优先的原则，推动质量变革、效率变革和动力变革。这一转型需要通过科技进步和提升全要素生产率来实现产业的稳健发展。推动体育产业高质量发展既是新时代背景下建设体育强国的客观要求，也是该产业克服自身困境、突破发展瓶颈、激发内生动力的内在需求。每个城市在破解体育资源发展难题的过程中，都有助于实现其体育产业的高质量发展，进而为实现国家体育强省、体育强国的目标贡献力量[①]。此外，体育产业自身具有低碳环保、正向外溢效应显著、联系效应明显以及就业吸纳能力强等优势，完全契合现代产业体系演进升级的趋势。推动体育产业高质量发展不仅为经济社会全面实现高质量发展注入强劲动能，更为核心的是要实现产业发展动力的转化与新动能的持续积累。为此，需要全面提升发展绩效，促进消费者效用与生产者利润的合理均衡，从而实现产业的可持续累积与发展。

高质量发展已成为审视我国经济社会发展问题的重要范式，其核心在于关注效益、结构、动力等质量指标，而非仅仅追求规模与速度的数量增长。在这一背景下，体育产业同样需要将高质量发展作为目标导向，坚持"质量第一、效益优先"的原则。通过推动质量变革、效率变革和动力变革，并借助科技进步以及全要素生产率的提升，促进整个产业实现稳健发展。推动体育产业的高质量发展不仅是建设体育强国的客观要求，更是该产业发展过程中克服自身难题、突破瓶颈、激发内生动力的内在需求。体育产业凭借其低碳环保特性、显著的正向外溢效应、明显的联系效应以及强大的就业吸纳能力等优势，与现代产业体系演进升级的方向高度契合。因此，推动体育产业高质量发展将为经济社会全面实现高质量发展注入强劲动能。目前，社会各界已就推动体育产业高质量发展达成广泛共识。国家层面也陆续出台了一系列政策举措，将其作为重要战略路径。这些政策包括《体育强国建设纲要》《促进全民健身和体育消费推动体育产业高质量发展的意见》等。上述政策旨在通过深化改革、完善政策体系、促进体育消费、加强设施建设以及提供有力支持等多措并举的方式，引导体育产业实现更大规模、更活跃增长与更高质量的发展。最终目标是使体育产业成为国民经济中的支柱性产业。

2019年，我国体育产业增加值达到11248亿元，同比增长11.6%，比同期GDP增速高5.6个百分点，占GDP比重提高至1.14%。细分产业结构中，体育服务业增加值为7615亿元，占体育产业比重达67.7%，同比增加2.9个百分点。尽管我国体育产业在发展中取得了一些成就，但相对于发达国家，仍存在一

---

① 孙文树. 体育强国：城市体育高质量发展的理论与实践——"落实十九届五中全会体育强国精神建言献策双向交流会"学术综述［J］. 体育与科学，2021，42（1）：6—11.

定差距。美国体育产业在 2015 年的增加值就达到了 5000 亿美元，占当时 GDP 比重接近 3％，是美国汽车产业产值的 2 倍、影视产业产值的 7 倍。此外，在全球体育产业领域，知名品牌主要由发达国家掌握，我国体育产业的一些龙头企业与国际巨头相比仍有一定差距。2020 年，受国际形势变化和新型冠状病毒肺炎疫情的影响，我国体育产业面临严重冲击。国际技术封锁、全球市场需求低迷等因素对我国体育产业，特别是依赖外需的体育用品制造业造成较大压力。尽管我国率先启动经济复苏并构建新的发展格局，但全球经济仍处于深度衰退阶段，给我国体育产业带来了巨大的增长压力。为实现"十四五"时期体育产业高质量发展目标，必须科学把握宏观形势的变化，主动适应全球经济大环境的变化。同时，应深入分析体育产业面临的机遇和挑战，紧跟科技革命和产业技术变革的步伐，积极适应人口结构变化和消费升级的趋势。此外，还可以借鉴国内外先进经验，结合我国实际情况，采取有效措施补齐短板、延伸产业链条、巩固基础板块，并系统探索体育产业高质量发展的战略路径和对策思路。

体育消费的新场景有助于扩大市场规模，提升市场需求，推动体育产业蓬勃发展。例如，在全民健身、体育旅游和体育赛事等领域拓展市场规模，激发市场需求。新的体育消费场景能够激发创新灵感，提升产品品质和使用体验，满足消费者个性需求，有效推动城市体育产品的创新与发展。以智能科技为例，推出智能穿戴运动设备等新产品，为消费者提供更丰富的运动体验。新兴的体育消费场景有助于优化体育产业链，提升体育产业的价值链，构建全面的产业开发体系，从而推动城市体育产业实现高质量发展。创新的消费场景能够吸引更多人参与和关注体育，推动体育产业不断取得高质量发展，引领消费潮流，提高体育产业的社会经济效益。这些因素为城市体育产业的高质量发展提供了有力支持，促进城市体育产业向多元化、高品质、可持续发展的方向迈进。为实现我国城市体育产业的高质量发展，建议建立机制共建、赛事共办、资源共享、圈群共振、要素共通的合作模式。

第二章　相关学术史梳理及相关概念与理论基础

第一节　相关学术史梳理

《国务院办公厅关于促进全民健身和体育消费推动体育产业高质量发展的意见》指出，在新形势下，我们要以习近平新时代中国特色社会主义思想为指导，强化体育产业要素保障，激发市场活力和消费热情，推动体育产业成为国民经济支柱性产业。要实现这一目标，离不开体育消费的有力支撑。在体育产业高质量发展、城市体育消费等领域，学界已开展了相关研究。

一、关于"体育产业"的相关研究

体育产业是满足人民美好生活需要的新兴产业之一，是我国经济迈入高质量发展新阶段后加快经济转型升级、培育国民经济新增长点和消费热点的重要抓手。在国外，Budzinski（2012）对欧盟体育产业市场进行了研究；Mehrdad Estiri（2010）对城市与体育产业发展进行了研究；Moss D（2008）对互联网与体育产业进行了研究；J Zhang、E Kim（2018）对经济增长进程中体育产业的关键问题和挑战进行了讨论。在我国也涌现出一大批专家学者对体育产业进行研究：如鲍明晓[1]、张保华[2]等、钟秉枢[3]等对体育产业促进体育消费和提升体育经

---

[1]　鲍明晓. 关于当前我国体育经济工作中应处理好的若干关系 ［J］. 成都体育学院学报，1998（3）：2-7.

[2]　张保华，李江帆，李冠霖，等. 中国体育产业在国民经济中的地位和作用研究 ［J］. 体育科学，2007（4）：22-30.

[3]　钟秉枢. 全民健身国家战略的提出与体育休闲健身产业的发展 ［J］. 体育科学，2015，35（11）：19-23.

济效益进行研究；林显鹏[①]、张林[②]、易剑东[③]等对中国体育产业发展的现状与对策进行研究；范存生[④]、饶远[⑤]、白晋湘[⑥]等对中国体育产业化发展进行研究；席玉宝[⑦]、黄海燕[⑧]、邢中有[⑨]、喻坚[⑩]等对中国体育用品、体育赛事、体育旅游、休闲体育等业态发展进行研究；黄莉[⑪]、崔曼峰[⑫]、李国强[⑬]、王子朴[⑭]等对体育产业推进体育强国建设和促进群众体育、竞技体育发展进行研究；朱启莹[⑮]研究了资本市场支持体育产业高质量发展的作用机制、现实困境与路径选择，认为现阶段还存在体育资本市场有效供给不足、体系结构偏差、风险偏好错位等结构性矛盾，发展面临功能性制约。特别是在信息社会背景下，数字化、社会资本、城市体育消费等推动着体育产业的高质量发展。

二、关于"城市体育消费"的相关研究

城市体育消费是城市体育产业发展的重要支撑，近年来，学术界在这一领域

① 林显鹏，虞重干，杨越. 我国体育产业发展现状及对策研究 [J]. 体育科学，2006 (2)：3—9.
② 张林，鲍明晓，曹可强，等. 我国体育产业学科发展现状与展望 [J]. 上海体育学院学报，2009，33 (1)：12—16.
③ 易剑东. 中国体育产业的现状、机遇与挑战 [J]. 武汉体育学院学报，2016，50 (7)：5—12.
④ 范存生. 当前高校体育产业化发展困境与经济学分析 [J]. 北京体育大学学报，2005 (6)：737—739.
⑤ 饶远，许惠玲，许仲槐. 对我国西部少数民族体育产业化开发理念的新认识 [J]. 上海体育学院学报，2002 (3)：15—18.
⑥ 白晋湘，张小林，丁怀民，等. 我国民族民间体育产业化政策体系构建的前瞻思考 [J]. 成都体育学院学报，2010，36 (8)：1—5.
⑦ 席玉宝，刘应，金涛. 我国体育用品产业集群的现状与发展研究 [J]. 体育科学，2005 (6)：22—25.
⑧ 黄海燕，张林. 体育赛事经济影响的机理 [J]. 上海体育学院学报，2009，33 (4)：5—8.
⑨ 邢中有. 产业融合视角下体育旅游产业发展研究 [J]. 山东体育学院学报，2010，26 (8)：1—7.
⑩ 喻坚. 新常态下中国休闲体育产业发展对策研究 [J]. 山东体育学院学报，2016，32 (5)：31—38.
⑪ 黄莉. 从体育强国内涵探究体育综合实力构成 [J]. 上海体育学院学报，2010，34 (4)：15—20.
⑫ 崔曼峰，葛新军. 论中国体育产业与竞技体育协调发展之路 [J]. 广州体育学院学报，2011，31 (2)：1—4.
⑬ 李国强，章碧玉，赵猛. 我国区域经济、体育产业和群众体育综合协调发展研究 [J]. 天津体育学院学报，2015，30 (1)：87—92.
⑭ 王子朴，朱亚成. 新时代中国体育强国建设中的体育产业发展逻辑 [J]. 北京体育大学学报，2018，41 (3)：8—13，47.
⑮ 朱启莹，徐开娟，黄海燕. 资本市场支持体育产业高质量发展：作用机制、现实困境与路径选择 [J]. 上海体育学院学报，2021，45 (12)：35—49.

进行了大量研究。Ha J P、Kang S J、Kim Y（2017）探讨了智能手机在体育消费中的驱动因素；B Paek、A Morse、S Hutchinson（2020）分析了球迷与球队的关系质量对体育消费行为的影响，指出情感动机在其中起着关键作用。赵胜国指出，在全民健身国家战略下，体育消费观主要涉及三个维度：精神导向、价值取向和选择倾向。他们还发现，城镇居民的体育消费观受市场环境、个体条件和社会参照三方面的影响①。通过实证分析发现，"运动意识与运动评价"是影响居民不参与体育活动的主要因素；"消费支持与消费环境"则显著影响居民的消费行为②。黄海燕等对我国体育消费的发展现状进行了系统分析，提出了未来发展方向：发展体育培训市场、优化消费空间和渠道、加强消费文化建设，并注重综合效应和政策创新③。浦义俊等研究了新时代体育消费升级的价值与挑战，指出在经济新常态下，需培育新的内生动力。当前我国体育消费升级面临多重挑战，包括消费不均衡、理念异化及交易成本高等问题。未来需构建共享消费新思维，完善收入增长机制，并进行供给侧改革，促进良性竞争格局的形成④。当前我国体育消费升级面临多重挑战，包括消费不均衡、理念异化及交易成本高等问题。未来需构建共享消费新思维，完善收入增长机制，并进行供给侧改革，促进良性竞争格局的形成。

综上所述，国内外学者在体育产业与体育消费领域已开展了广泛研究。国外学者的研究主要集中在体育产业市场、行业增长以及体育迷的消费行为等方面；而国内学者则更多地关注我国体育产业的发展趋势、体育消费特征及其影响因素，并深入探讨了消费增长与升级机制。这些研究成果为本课题奠定了坚实的理论基础。值得注意的是，城市体育消费新场景作为我国新发展阶段涌现出的一种新型消费模式，相关应用研究尚处于起步阶段，在现有文献中尚未发现具有代表性的成果。这一研究空白为本书提供了重要研究空间。基于此，本书聚焦于我国城市体育消费新市场培育问题，从理论与实践两个维度展开系统性研究。旨在为城市体育消费新场景的培育与发展提供理论参考与实践借鉴，助力实现城市体育产业高质量发展以及满足城市居民日益增长的体育需求。

①　赵胜国，王凯珍，邬崇禧，等. 全民健身国家战略下不同规模城镇居民体育消费观特征［J］. 武汉体育学院学报，2019，53（6）：18—27，58.

②　郑和明，张林. 城市居民参与型体育消费需求因素系统结构机理研究——基于上海市的实证分析［J］. 天津体育学院学报，2017，32（1）：81—86.

③　黄海燕，朱启莹. 中国体育消费发展：现状特征与未来展望［J］. 体育科学，2019，39（10）：11—20.

④　浦义俊，吴贻刚. 新时代我国体育消费升级的价值、挑战与推进路径研究［J］. 西安体育学院学报，2020，37（2）：167—172.

第二节   城市体育消费新场景相关概念

概念是人类对客观事物本质的反映，是对同类事物丰富多彩的现象背后隐藏的共同本质特征的高度抽象概括，也是判断与推理顺利进行的重要思维基础。程雄飞指出："概念是人类对客观事物的本质反映，是对同类事物丰富多彩现象背后所蕴藏的共同本质特征的高度抽象概括，是判断、推理得以顺利进行的思维基础。"[①] 这一定义表明，概念在哲学、语言学和认知科学等领域具有重要意义。

一、场景

"场景"这一术语最初源自法语"scène"，而其词根可追溯至拉丁语的"scena"，意为舞台或舞台背景。这一概念最早可追溯至古希腊戏剧时期，当时主要用于描述戏剧舞台上的情节与布景设置。在戏剧与电影艺术中，场景被定义为"在特定的时空内，所发生的具有特定意义的具体的生活画面"[②]，它展现的是人们行为与生活事件的戏剧化呈现。在现代英语语境下，"场景"通常指代一个特定环境或情境，涵盖其中发生的事情、参与者、物体及其活动。这一定义构成了适用于多领域的基础概念。进入移动互联时代后，场景的概念内涵发生了演变，彭兰指出："场景主要是指基于特定时间、空间和行为及心理的环境氛围"[③]。当前关于"场景"的研究主要集中在城市研究与媒体传播两个领域。

在城市研究领域，"场景"理论关注城市文化如何通过人与空间及位置的互动形成一个有机整体，从而影响区域内的经济、政治及其他社会活动。该理论指出，城市场景由文化、区域、空间和网络等要素构成，其中文化扮演着核心角色。具体而言，文化在城市场景中体现为价值观、传统、历史认同等要素，并通过建筑、艺术、文化活动及风俗习惯等方式得以呈现。这些文化元素不仅塑造了城市的物质形态，更构建了居民的身份认同感。城市中的不同区域往往展现出独特的文化特质，而文化与区域之间形成了相互作用的关系：特定的文化特征常吸引着具有相似背景的群体和经济活动类型。"场景"理论深入探讨了文化在特定区域内形成的过程及其对城市社会经济结构的影响。值得注意的是，文化还深刻

---

① 程雄飞. 新时代大学生社会责任教育研究 [M]. 南昌：江西高校出版社，2022.

② 蒋晓丽，梁旭艳. 场景：移动互联时代的新生力量——场景传播的符号学解读 [J]. 现代传播（中国传媒大学学报），2016，38（3）：12—16，20.

③ 彭兰. 场景：移动时代媒体的新要素 [J]. 新闻记者，2015（3）：20—27.

影响着城市的空间布局——从建筑设计到公共空间规划，无不体现出文化价值观与社会习惯的作用。随着网络技术的发展，城市场景的概念已突破物理空间的局限，延伸至虚拟领域，为文化的传播和互动开辟了新的途径。更进一步地，文化不仅塑造城市的文化生活图景，其影响力还渗透到城市的经济、政治和社会活动之中：文化活动与创意产业推动着经济增长，而文化认同与社会凝聚力则促进着城市的政治和谐与社会稳定。因此，"场景"理论已成为城市研究中的重要分析框架，为理解文化因素在城市发展进程中的关键作用提供了深刻洞见。

在媒体研究领域，场景传播已成为一个具有重要价值的研究方向。特别是在移动互联时代，随着媒体和通信技术的迅猛发展，传统的信息传递方式被深刻重构：媒体不再仅仅是信息传递工具，更成为场景创造与重塑的核心要素。从传播实践来看，场景传播呈现出显著的技术驱动特征：借助社交媒体、虚拟现实（VR）、移动应用程序等多样化的平台与形式，媒体为受众提供了丰富的场景体验。这些体验既包括社交媒体中的虚拟社交互动，也涵盖了通过 VR 设备实现的沉浸式数字空间探索。更为关键的是，媒介通过信息、内容和情境的精准呈现，营造出独特的传播场景，进而对受众的情感、态度和行为产生深刻影响。值得注意的是，场景传播与地理空间的交互关系日益凸显：社交媒体平台的发展突破了地理限制，使跨地域互动成为可能；借助地理定位（Geolocation）、地理标签（Geotagging）及虚拟现实技术等手段，媒体实现了特定场域与数字场景的深度融合，从而创造出具有显著地域特色的传播体验。作为当前媒介研究的重要议题，场景传播领域吸引了大量学术关注。研究者致力于探讨以下核心问题：一是解析媒体如何创造和呈现多维场景；二是评估这些场景对个体认知和社会关系的影响；三是考察场景传播的伦理边界及其社会责任。这些问题构成了理解场景传播本质与价值的关键维度。

二、消费场景

"消费场景"是一个商业术语，用于描述和分析消费者在特定环境、情境或背景中进行购买和消费的行为和体验。"消费场景"这一概念起源于市场营销和消费行为研究领域，旨在理解消费者在不同情境下的行为和购买模式。这一概念强调了消费者不是孤立的个体，而是在特定情境下做出购买决策的主体，突显了消费者行为的多样性，因为人们在不同场景中可能有不同的需求、期望和购买决策。对"消费场景"概念的发展进行追溯，可以追溯到 20 世纪，尤其是在社会学、心理学和市场研究领域。这一概念的提出有助于揭示消费行为背后的复杂性，帮助企业更深入地了解消费者的需求和购买动机。通过研究不同的消费场景，企业可以更有针对性地制定营销策略，提供更贴近消费者期望的产品和服务，从而提升消费体验和满足市场需求。

（一）社会学领域

"消费场景"的概念在社会学领域得到了初步探讨。社会学家开始关注人们如何在不同社会和文化背景下消费，并发现消费行为不仅仅是经济活动，还反映了社会和文化因素的影响。这种关注引导了对消费行为的深入研究，包括消费者在不同场景中的行为差异。社会学家注意到，消费行为受到周围环境和社会背景的显著影响。在不同的消费场景下，人们的决策、态度和行为可能会有显著差异。这种差异可能是因为社会和文化因素如价值观、文化传统和社会地位对个体的影响。研究消费场景有助于深入了解人们如何选择和使用产品和服务。不同的场景可能会触发不同的需求和欲望，从而影响购买决策。例如，人们在家庭环境中的消费行为可能受到家庭成员的影响，而在工作场所或社交活动中的消费行为可能受到同事或朋友的影响。了解消费场景对于制定市场策略和满足不同群体的需求至关重要。此外，研究消费场景还有助于探讨社会学中的更广泛问题，如社会阶层、文化认同和社交互动。消费行为在很大程度上反映了人们在社会结构中的位置及与他人的互动方式。深入了解消费场景有助于解释社会中的各种现象和趋势。总之，社会学领域对"消费场景"的研究已经初步启动，并提供深入了解人们如何在不同社会和文化环境中消费的见解。这有助于更好地理解社会中的消费行为，以及如何更好地满足个体和群体的需求。

（二）心理学领域

从心理学的角度来看，消费行为研究强调了个体的需求、欲望和心理因素对购买决策的影响。研究表明，情境和环境在消费行为中扮演着重要角色。具体而言，不同场景能够触发特定的情感状态并激发多样化的需求，从而直接影响消费者的购买决策。例如，在购物中心明亮而愉悦的环境下，消费者更易产生积极情感和购物欲望，从而增加购买的可能性。相反，在紧张和拥挤的情境中，焦虑和情绪不安可能导致消费者更加谨慎和选择性地购物。此外，社交情境对消费行为有显著影响。研究发现，在朋友或家人的陪伴下，消费者更容易受到社会认同的驱动，进而影响其购物选择。更进一步地说，不同的场景还可能激发特定类型的需求和欲望。例如，在度假场所中，消费者倾向于购买与休闲和享受相关的产品和服务；而在工作环境中，人们则更易产生与工作和职业相关的购买行为。因此，情境因素能够显著地塑造个体的购买动机和决策过程。综上所述，心理学领域的消费行为研究日益强调情境和环境因素对购买决策的重要性。这一研究视角不仅深化了我们对消费者心理的理解，也为制定有效的市场策略提供了重要的理论依据，凸显了环境因素在消费者行为中的关键作用。

（三）市场研究领域

市场研究领域的发展推动了"消费场景"概念的演进，这一概念在帮助企业理解目标市场方面发挥着关键作用。消费行为不仅由个人需求和欲望驱动，还受到情境因素的重大影响。因此，深入了解消费者在不同场景下的行为变化对于制定成功的市场策略至关重要。市场研究通过考察各种消费场景，如购物中心、超市及线上购物等，揭示了不同市场细分的特点，帮助企业更精准地定位产品和服务。例如，零售商可根据消费者在这些场景中的行为模式优化店铺布局和产品陈列，并设计更具吸引力的促销活动。此外，市场研究为广告策略提供了关键见解，使企业能够制定更具针对性的宣传方案，提升广告效果并扩大市场份额。通过深入理解消费场景，企业不仅能更好地满足消费者需求，还能在竞争激烈的市场中占据有利地位。这一概念的应用对企业的成功和市场竞争具有重要意义。

（四）应用领域

"消费场景"这一概念在零售业、餐饮业、旅游业和娱乐业等多个领域得到了广泛应用。企业通过深入理解消费者在各种场景中的需求和期望，能够提供更具吸引力的产品和服务。在零售业，不同消费场景对购物行为的影响至关重要。例如，购物场所的氛围、布局以及产品陈列都会显著影响消费者的购买决策。零售商通过研究消费场景，可以优化店铺体验，从而提高销售额和顾客忠诚度。在餐饮业，消费者在不同场景下对食物和服务的需求存在明显差异。餐馆、咖啡店及快餐连锁企业可以根据具体消费场景调整菜单选择、服务速度以及用餐环境，以更好地满足各种顾客的期望。在旅游业，了解旅游者在度假、商务旅行或探险旅行等不同情境下的需求尤为重要。基于这些洞察，旅游业能够设计并提供更符合目标市场需求的产品和服务，从而提高客户满意度和整体旅游体验。在娱乐业，消费场景的概念同样具有重要意义。电影院、主题公园、音乐会及体育比赛等场所通过分析观众或参与者在不同场景下的期望，设计更具吸引力的节目和体验，进而提升行业的整体吸引力。"消费场景"概念的应用能够帮助企业在多个行业中更好地满足消费者需求，并提供更优质的产品和服务。这不仅增强了企业的竞争力和市场地位，还突显了消费者体验和满意度的关键作用。通过持续研究和理解不同消费场景，企业可以与目标市场建立更深层次的互动关系，并不断创新以适应多样化的市场需求。

总的来说，"消费场景"这一概念的起源和发展反映了社会、心理学和市场研究领域对消费行为多样性的关注，是一个涵盖了环境、需求、情感和互动的概念，用于描述和分析消费者在不同情境中的购买和消费行为。它强调了消费者不仅仅是购买者，还是在特定情境下做出购买决策的主体。"消费场景"的发展为市场营销和产品设计提供了新的视角，帮助企业更好地满足消费者的需求。了解和利用这一概念有助于企业更好地满足客户需求，提供更愉悦的消费体验，从而获取竞争优势。

三、城市体育消费新场景

城市体育消费新场景依托特定的场地空间与设施设备，将赛事活动、健身休闲等服务作为核心内容，并通过新技术、新模式和新业态作为支撑，满足人民群众对美好生活的体育需求，进而激发城市体育消费的潜力与活力。相较于传统的体育馆、体育场、城市公园及健身房等体育消费场所，新场景更加强调在产业要素保障与市场活力激发方面的突破，其显著特点在于对技术革新、模式创新以及业态融合的高度重视。培育这些新型消费场景的关键在于精准定位：一方面通过挖掘和培育体育消费热点，激发市场的新动能；另一方面则需要加速探索体育业态的创新发展路径，推动时尚新兴项目的普及。在具体实践中，应采取因地制宜的方式进行规划与布局，将"一地一策"作为指导原则，有机整合体育与健康、文化旅游、休闲娱乐等功能，从而打造多样化且具有吸引力的运动消费场景。最终目标是通过多场景的协同布局与多业态的深度融合，构建沉浸式消费体验，形成可持续发展的经营模式。这种创新模式不仅能够提升城市的体育服务水平，还能带动相关产业的联动发展，为城市经济注入新的活力。

"城市体育消费新场景"这一概念强调了城市作为一个特殊环境，如何为体育消费者提供创新、多样化的体验。

城市体育消费新场景强调了城市环境的独特性，如何通过结合体育、科技、文化和社交等因素，为体育消费者创造全新的、丰富多彩的消费体验。这对于城市的品牌推广、社区建设以及体育产业的发展都具有积极的推动作用。

体育消费新场景是在现代社体育消费新场景是现代社会快速发展背景下，随着公众健康意识的提升和消费需求的多样化，在体育产业不断变革与创新过程中衍生出的一系列新型消费形态。这些场景涵盖全民健身、智能运动、体育旅游、体育赛事等多个领域，凭借其体验性、互动性、创新性和时尚性特征，正吸引着越来越多的消费者参与其中。新体育消费场景的出现，不仅推动了体育运动与经济消费的深度融合，还促进了体育产业的转型升级。同时，这些新兴场景激活了消费市场潜力，创造了显著的社会效益和经济效益。因此，深入探索并推广这些新型体育消费场景，对于实现体育产业高质量发展以及城市文化建设都具有重要的现实意义。

第三节　理论基础

一、场景理论

关于"场景"的研究最早可追溯至美国学者欧文·戈夫曼（Erving Goffman）。他提出，"场景"是社会空间中的社会生活表现形式，主张"人生是一场表演，社会是一个舞台"[①]。随后，特里·尼科尔斯·克拉克（Terry Nichols Clark）进一步发展了这一概念，认为场景是由不同设施组合而成的文化价值集群，每个场景都承载着独特的价值追求，并作为一种符号化的文化价值混合体而存在[②]。从一般意义上讲，"场景"包含五个核心要素：邻里（空间要素）、舒适物（物质结构要素）、人群（参与主体要素）、活动（行为要素）、价值观（内驱力要素）。不同的场景往往蕴含特定的文化价值观，这些文化价值观又会吸引具有相似价值取向的群体聚集，从而催生高级人力资本与新兴产业的集群效应，推动城市更新与发展。进入 21 世纪后，以芝加哥大学特里·克拉克（Terry Clark）教授为代表的研究团队提出了研究城市发展动力的新范式。他们基于对文化与都市设施在城市发展中的作用分析，系统阐述了"场景理论"[③]，这一理论为理解城市空间的多功能性及其发展提供了全新的视角。

"场景理论"作为一门研究"场景"与城市发展的新兴学科，突破了传统城市发展模式中仅关注土地、资金、技术等生产要素的局限性。在这一理论框架下，"场景"被视为社会环境的重要组成部分，通过影响公众行为进而推动城市发展进程。其核心在于剖析文化力、创意阶层与区域发展之间的内在关联。该理论强调，通过特定设施的组合布局，能够营造出具有"地方消费主义"特征的城市氛围，以此吸引高素质的创意阶层在城市中进行居住、工作、休闲和消费等活动。随着创意阶层的崛起，这一群体不仅推动了城市经济结构的转型升级，还深刻改变了民众的生活方式。近年来，随着我国经济水平提升与居民收入增长，中产阶级规模不断扩大，并逐渐成为社会生产和消费的主要力量。这一群体对城市软硬件环境以及消费品的层次和品质表现出高度敏感性。因此，在体育城市的建设过程中，需要着重加强体育文化设施和生活便利设施的规划与建设，同时着力

---

① 欧文·戈夫曼. 日常生活中的自我呈现 [M]. 冯钢，译. 2 版. 北京：北京大学出版社，2022.
② Clark T N. The City as an Entertainment Machine [M]. Amsterdam：JAI Press，2004.
③ 盛建华，肖沛宇，程进，等. 体验旅游学 [M]. 北京：中国计量出版社，2021.

培养开放、包容、自由的城市气质，以此吸引更多高层次人才资源。"场景理论"指出，"场"与"景"之间具有内在一致性，特定的场景往往蕴含着特定的文化价值取向（①。城市空间、休闲娱乐设施与市民日常活动共同构成了不同文化价值取向的场景体系。这些场景通过吸引特定群体参与消费实践，从而重塑城市经济发展的新增长点。在此背景下，消费行为不再局限于简单的商品购买，而是延伸至空间美学、氛围营造以及服务体验等附加价值层面。打造理想的"场"与"景"，捕捉潜在消费需求，本质上是实现人、货、场三者积极互动的过程，其背后深层次满足的是消费者对审美体验的追求。当前，营造优质场景并培育消费新业态、新模式已成为满足人民群众对美好生活向往需求的重要抓手，同时在激发消费活力、释放消费潜力方面发挥着关键作用。

根据"场景理论"的核心观点，人与环境之间存在着密切的相互作用和相互影响关系。在这一理论框架下，场景创新需要重点关注消费者的情感认知、体验和感知维度。基于此理论指导，可以有效构建体育消费新场景。通过精心设计并建立多样化的体育场景，不仅能够吸引更多目标用户群体，还能显著提升用户的粘性水平，从而推动相关市场持续发展。在具体实践中，需确保各类场景与特定的情境语境、语言表达以及场景陈述保持高度契合，以此满足不同用户群体的个性化需求和预期。通过不断挖掘潜在价值空间，体育产业将实现更加高质量的发展目标，并为消费者提供更加优质的服务体验和附加价值。

二、空间生产理论

空间生产理论兴起于20世纪70年代，自其被正式提出以来成为西方学界关注和研究的热门话题。该理论开启了人们观察社会生活和社会现象的独特视角，而空间方法论也成为人文社会科学研究的重要方法，冲击着墨守成规的旧思维和旧传统。"空间生产，在概念上与实际上是最近才出现的，主要表现在具有一定历史性的城市急速扩张、社会的普遍都市化以及空间性组织的问题等方面。"空间生产理论蕴含深厚的哲学与社会学色彩，加之语言壁垒限制，国内学者对空间生产的理解大都源于对西方研究成果②。亨利·列斐伏尔（Henri Lefebvre）是最早系统阐述空间和空间问题理论的学者，其代表作《空间的生产》被认为是空间生产理论的开山之作。据列斐伏尔所言，在资本主义社会关系中，空间扮演着重要角色。当代资本主义的生产重心已从"物的生产"转向"空间本身的生产"，

---

① 李慧敏. 场景理论视域下公益众筹元宇宙场景的数字力构造［J］. 理论刊，2023，496（4）：119—130.

② 刘天宝，马嘉铭. 空间生产理论在中国城镇化研究中的应用进展与展望［J］. 地理科学进展，2023，42（5）：998—1011.

资本主义的生产过程成为一个不断超越地理空间限制的过程，从而实现"空间的自我生产"。在此过程中，自然空间的各个方面——土地、空间和阳光等——都被纳入资本主义剩余价值的生产体系中，并具有交换价值。基于此，列斐伏尔对资本主义空间生产进行了批判，并从全球化、城市化和日常生活三个维度展开了分析。

列斐伏尔将空间分为物质空间、精神空间和社会空间三种[①]。其中，物质空间即人们日常所说的自然环境，亦称几何空间；精神空间则是包括意识形态、思维等的想象空间；而社会空间作为社会产物，不仅由社会关系所支撑，同时也是社会关系生产和再生产的载体[②]。正如他所言："空间的社会性不能仅仅从空间是物质生产器皿或媒介的意义上来解释。一方面，空间作为一种生产要素参与了物质生产过程和历史进程；另一方面，空间本身又是社会生产的后果。"由此可见，社会空间的生产具有使用价值和价值的双重属性——"空间生产既生产出具有使用价值的空间产品，又生产出空间产品的价值，即空间产品使用价值这个物掩盖下的人与人之间的具体的社会关系。这种空间生产方式首先是空间物质生活资料的生产和再生产"。在中国市场经济高速增长的背景下，随着社会主义市场经济体制的确立和转型，城市化大潮中全球性的政治、经济、社会、文化等因素逐一显现。社会、经济、政治、文化等要素共同支撑着城市空间正常协调地运行，而城市空间是人在这些社会、经济、政治、文化要素面前最直接的运行载体；各类城市活动形成的功能区则构成了城市空间的基本框架。

随着中国从生产型社会向消费型社会的转型，空间消费逐渐从传统意义上的小范围和使用性消费转向以大众参与为核心、更具广泛意义的空间消费[③]。作为城市功能的重要组成部分，城市体育消费空间不仅是社会经济转型升级的关键载体，更是推动城市高质量发展的重要抓手。当前，我国城市体育消费新场景正面临一系列亟待解决的难题。这些挑战与马克思主义政治经济学的空间生产理论研究范畴相结合，不仅推动了城市体育消费新场景实践的思维创新，也为相关领域研究提供了新的视角和方法论支撑。通过运用"空间的生产"理论对城市体育消费新空间进行哲学思辨，我们构建了一个系统化的理论框架；该框架强调，空间生产的内涵需要从传统认知向更深层次拓展；即从单纯关注城市体育消费新空间内部的生产过程转向对城市体育消费新空间本身的生成逻辑研究。这种转变涉及政治、经济、社会和文化等核心要素的协同作用与相互制约关系。基于此理论框架，本研究提出了以下主要实践路径：发挥政府引导作用；实现经济资本增值；

① 沈费伟. 未来社区的空间实践与调适治理——基于空间生产理论的研究 [J]. 河南社会学, 2022, 30 (7)：88-96.

② 列斐伏尔. 空间与政治 [M]. 李春，译. 上海：上海人民出版社, 2016.

③ 季松. 消费时代城市空间的生产与消费 [J]. 城市规划, 2010, 34 (7)：17-22.

构建社会关系网络；促进人文消费发展。这四大核心要素将共同推动城市体育消费新空间的健康发展。

空间生产理论认为，空间环境和生产方式对产品和服务的生产、交流和消费都产生了重要影响，在推广体育消费新场景上，运用空间生产理论应注意场所定位。在选择场所后，运用空间生产理论，将商业中心和大众娱乐区域相结合，使各种体育产业设施和服务在空间上更加充分地联系起来，进而提升用户满意度和消费体验。在体育俱乐部、健身房等场所，充分运用设计手段，利用空间环境，优化店面设计，设置符合场所主题、气氛更加优雅华丽、流线型布局等，增强用户的购买体验的品质。

三、场域理论

场域理论的起源可以追溯到 20 世纪晚期，主要归功于法国社会学家皮埃尔·布迪厄（Pierre Bourdieu）的工作。布迪厄的研究强调了社会领域如何影响个体的行为和机会，并强调了社会现象的复杂性。他的工作为场域理论的形成提供了坚实的基础。布迪厄认为，社会是由多个相互交织的场域组成的，每个场域都有其特定的规则和社会结构。场域理论作为社会学的主要理论之一，是一种关于人类行为的概念模式。布迪厄的社会学思想主要围绕两个核心概念，即场域和惯习。场域是一个关系性的概念，是一种社会空间，可被定义为在各种位置之间存在的客观关系的一个网络[1]。惯习是在潜意识层面发挥作用的具备持久性和动态性的系统，包括个体的知识和世界的理解，它来自个体的社会实践活动，并要求场域内的行为者根据一定的法则进行社会实践活动[2]。布迪厄通过场域、惯习两个概念连同各种各样的资本来探索社会生活中实践的奥秘，继而形成自己独具特色的实践理论[3]。通过场域理论来研究特定区域空间内居民的行为活动。场域是行动者争夺有价值支配性资源的空间，这是其本质特征。作为包含各种隐而未发的力量和正在活动的力量的空间，场域也是一个争夺的空间，旨在维持或改变场域中力量的构型。进一步说，场域作为各种力量位置之间客观关系的结构，是占据者（集体或个人）寻求各种策略的基础和引导力量的地方。然而，真正将场域理论发展为一个独立的概念和框架的是社会学家皮埃尔·勒鲁（Pierre Leroux）和安诺·古菲（Annie Goffman）。在 20 世纪末，他们将布迪厄的观点

① 程雪艳，吴悦，张亮. 基于场域理论的家庭健康服务需求概念模型构建研究 [J]. 中国卫生经济，2019，38（12）：69−73.

② 李艳培. 布尔迪厄场域理论研究综述 [J]. 决策与信息（财经观察），2008（6）：137−138.

③ 解玉喜. 布迪厄的实践理论及其对社会学研究的启示 [J]. 山东大学学报（哲学社会科学版），2007（1）：105−111.

扩展到社会场域的概念，认为社会是由不同的场域组成，每个场域都具有独特的规则和价值观。这一理论的发展为社会科学家提供了一种新的方式来研究和解释社会现象。他们强调了社会场域如何塑造个体的思维方式、决策和机会。场域是具备边界性、独立性、系统性、关联性、动态性的社会空间，每个场域根据内部行动者所占资源决定场域的结构①。每个场域都有独特的利益形式和幻象，这意味着每个场域都预设和产生着特定的利益形式，与其他交换媒介形式的场域不完全相同。布迪厄认为，每个场域都创造并维持着它们自己的利益形式和幻象，这些形式和幻象是人们对游戏中彼此争夺的目标的价值心照不宣的认可，以及对游戏规则的实际把握。

随着社会的发展、互联网等科技的普及应用，大众的体育认知和体育参与形式也相应发生了改变。在新的时代和社会环境下思考体育场域空间的生成，对促进体育发展与推广具有积极意义。布迪厄的关系思维实践理论和"场域"研究为体育社会学提供了重要思路，特别是对于体育场域空间生成的思考。体育惯习是由社会结构和个体选择共同构建的，具有动态性特征，不是一成不变的。不同形式的资本共同促进了体育场域的生成，其中文化资本和社会资本在场域生成中发挥了重要作用，这也是布迪厄所着重强调的资本形式。总之，科技的发展和文化观念的转变促进了新时代体育场域空间的生成，但在辩证思考和应用场域理论的过程中应注意到文化及体制等存在差异性②。

场域理论认为，"场域"是一种由符号构成的系统，它定义了人们对特定事物的看法，并影响着人们对这些事物的态度和行为取向。基于这一理论框架，体育消费新场景的构建可以从以下几个方面展开：首先，在主题定位上，可以围绕运动类型、健身目标或体育文化等维度进行设计，并将市场定位锁定在具有明确需求特征的消费群体；其次，在符号系统构建上，可以通过颜色、形状、声音等多种元素，创造富有特色的符号体系，从而增强消费者对特定场域的认同感和参与热情；再次，在网络搭建方面，可以借助互联网技术和社交媒体平台，扩大场域影响力，并吸引更多潜在消费者加入互动；最后，在氛围营造上，通过精心设计场域环境、选择合适的背景音乐等方式，提升消费者的体验感受，从而提高场域的整体品质和吸引力。这种场域理论的应用，可以使体育产业的消费者从单一的消费个体转变为具有更高参与度的场域参与者，不仅能激发消费者的消费欲望和创新潜能，还能够推动场域经济与产业发展实现协同发展，最终提升体育消费场景的整体品质和附加值，为体育产业的高质量发展注入新的活力。

---

① 毕天云. 布迪厄的"场域-惯习"论 [J]. 学术探索，2004（1）：32-35.
② 张庆如. 体育场域空间何以生成？——布迪厄场域理论的意义及其限度 [J]. 体育与科学，2021，42（3）：16-20.

第三章 城市体育消费新场景呈现、案例及其特征

城市体育消费新场景在实践中呈现出体育生活化、娱乐化、仪式化、社交化和数字化等发展趋势。以城市体育服务综合体、体育公园、都市运动中心为代表的城市体育新空间孕育出的消费场景,为本书提供了丰富的案例研究基础。这些新场景不仅满足了人们对多元化体育消费需求的期待,还通过消费体验、美学品位、文化价值与传播分享等多维度特征,构建起一个立体化的城市体育消费生态。

第一节 城市体育消费新场景呈现

近十年来,我国城市体育消费产品蓬勃发展,体育消费场景呈现出前所未有的多样化特征。这些场景不仅分布于城乡之间,更渗透到人们生活的方方面面:既可以是家庭内部的健身空间,也可以是家附近便捷可达的体育公园;既可能是城市繁华商圈中的运动场所,也可能是社区全民健身中心或街道转角处的小微型运动点;甚至可以将废弃工厂改造为特色运动空间,当然还可能存在于虚拟数字世界中。这种场景的多元化分布充分体现了体育消费与城市生活的深度融合。

体育消费场景在全国各地蓬勃兴起,飞盘、射箭、攀岩等小众运动热度持续攀升,新兴消费市场呈现显著增长态势。如今,在国家速滑馆门前,人们反季节体验冰雪乐趣;在城市中,腰旗橄榄球、棒垒球、桨板、花样滑冰、陆地冲浪、低空飞行、卡丁车等新潮运动备受青睐。这些丰富多元的体育消费场景不仅成为年轻人社交的新亮点,更激发了大众参与运动的热情,推动我国体育产业驶入发展快车道。在蓬勃发展的体育消费市场中,器材用品制造、运动培训、赛事转播等相关领域展现出强劲增长势头,已形成规模达 1.8 万亿元的巨大消费市场。这一"大蛋糕"吸引了大量资本和创业者争相布局,在未来几年内将继续保持高增

长态势。2025 年，市场规模有望再增加 1 万亿元。

体育健身场景的蓬勃发展为人们的体育消费提供了更多元化和自由的选择空间。以滑雪爱好者为例，在雪季来临时，他们可以选择前往崇礼、阿勒泰等地，尽享大自然的雪道乐趣；而在雪季结束后，城市中的室内滑雪馆同样能满足他们的需求。即使因时间限制无法到达专业场地，通过滑雪模拟器也能实现滑雪愿望。对于跑步爱好者而言，消费场景的选择更加灵活多样：可以在小区内佩戴智能设备进行科学训练，漫步于智慧健身步道享受都市运动乐趣，也可以在自然环境中感受青山绿水或沙漠戈壁的独特体验。借助虚拟现实技术，他们甚至能在数字化的虚拟空间中完成一场酣畅淋漓的跑步。如今，无论参与何种体育活动，借助数字孪生技术，在虚拟空间中都能呈现出另一个"运动中的自我"。通过区块链技术，每个人在虚拟空间中都拥有独一无二的形象和专属运动装备。更重要的是，你还可以突破地理限制，与千里之外的朋友同场竞技，在虚拟世界中共同追逐运动的激情与快乐。

根据国家统计局数据，2012 年前，食品和衣着消费支出占比较高；但自2012 年起，这两项的增速明显放缓。与此同时，教育、文化和娱乐等新型消费支出在 2012 年后呈现快速增长态势，且其增长率超过了居民人均整体消费支出的增长速度，展现出显著的引领作用。基于此，新型消费对于实现当前扩大内需和促进居民消费增长的目标具有重要意义。而体育消费作为新型消费的重要组成部分，呈现出强劲的发展势头。凭借对市场时机的敏锐把握，体育消费有望在创业战略中发挥更为关键的作用，为经济高质量发展注入新动力。

日趋多元的运动需求推动体育消费场景不断创新。露营、滑雪、骑行和飞盘等项目因其兼具强身健体、旅游休闲及人际沟通等功能，吸引了越来越多的参与者。"体育＋旅游""体育＋互联网"以及"体育＋娱乐"等新业态新模式不断涌现，让各类产业与体育跨界融合，催生了新风口，开辟了新赛道，并产生了奇妙的化学反应。同时，智能化、数字化等新技术在体育产业中加速聚集。智能体育装备和智慧体育场馆不仅提升了运动的便捷性和趣味性，还打破了传统运动的时空限制，使体育消费链条不断延伸，开拓出一片新的蓝海市场。

体育消费与其他生活消费有所不同，其发展过程中可能面临一些问题甚至障碍。那么，如何通过场景创新来突破这些壁垒呢？通常，消费者追求的是一种快乐或幸福感，但体育消费往往超越了这一点——它更多地被视为一种投资，具体而言，既是对个人健康资本的投资，也是对社会资本的投资。当消费者的目的是通过体育消费来追求健康时，就意味着在消费过程中需要不断挑战自己的身体和意志。这是体育消费独有的第一个特征。

那么，体育消费的第二个特征是什么呢？它是需要一定门槛的，包括消费意识、消费习惯和消费技能。研究发现，对于尚未进行过体育消费的人来说，即使他们的收入快速增长，也不一定能有效提升他们参与体育消费的概率。然而，如果一个人已经是体育消费者，并且具备相关的观念、习惯和技能，当他的收入增长时，体育消费也会随之快速增加。这也是为什么国家在制定促进体育消费的政策时，特别重视对青少年的体育培训。只有从青少年时期开始培养，才能更有效地塑造更多的终身运动爱好者。

与其他消费一样，体育消费同样受到收入、消费成本以及时间、空间等多方面的限制。如果想要成功促进体育消费，就需要解决诸多问题。在这个过程中，场景创新能够发挥重要作用。体育消费场景是一个多维度的概念。当消费者进行体育消费时，可能会受到时间的限制，这时可以通过场景设计帮助他们突破这一时间约束。此外，空间上的限制也可以通过场景创新来克服——例如，今天你想与远在千里之外的好友打一场网球，在传统场景中这几乎是不可能实现的，但借助新的场景创新，这个愿望完全可以变为现实。除了突破时间和空间的限制外，场景还可以扮演多种角色：它可以是陪伴、竞争或指导。由于体育消费具有较强的专业性，消费者往往希望获得专业且有针对性的指导。同时，场景创新还能提供反馈功能，让消费者及时了解自己的运动效果，从而更好地调整和优化他们的消费体验。

场景创新在体育消费领域已呈现诸多令人瞩目的实际案例。其中最为重要的一类创新方向是通过智能化手段改造传统体育消费空间，从而提升运动的趣味性、科学性、即时性和互动性。一个典型的例子便是社区内逐渐兴起的智能健身步道。当消费者步入这条数字化步道时，无需携带任何终端设备，只需经过智能识别柱即可完成身份认证。随后，消费者的运动数据将实时显示在大屏幕上，包括运动时间、距离、速度、心率、热量消耗等信息，并可随时查看个人历史记录或与其他运动者进行实时成绩对比。此外，步道上配备的各类智能健身设备进一步增强了互动体验。例如，消费者可以与同伴通过智能跑步机进行实时竞赛，系统会自动记录并显示比赛结果，极大提升了运动乐趣。另一个典型案例是智能化改造后的全民健身中心。在该场馆内，一系列智慧化设施显著提升了消费者的使用便捷性。首先，用户可以通过智能预约平台随时查看场馆人流量，选择较为空闲的时间段进行在线预订。其次，人脸识别技术的应用实现了无感入场，而自助手环机则让离场过程更加高效。特别值得一提的是，在游泳区，水质监测数据实时显示在泳池旁的显示屏上，确保消费者能够随时掌握水环境状况，保障运动安全。同时，智能化灯光系统可根据场馆使用情况自动调节亮度，既提升了运动舒适度，又达到了节能减排的目的。此外，场馆还推出了"先服务后付费"的创新模式，用户可在完成运动后再进行费用结算。这种支付方式进一步优化了消费体验，得到了消费者的广泛好评。这些智能化改造不仅显著提升了体育运动的乐趣和安全性，更重要的是为传统体育消费空间注入了科技与时尚元素，使其更加符合当代消费者的需求。

在保持传统体育消费模式的基础上，我们可以通过其他创新场景来实现趣味性、实时性和交互性。例如，即使是普通的运动手环等可穿戴设备，也能够实时监测心率数据。当消费者完成一定时间的锻炼后，便可以立即查看个人热量消耗情况。在家庭健身环境中，各类智能健身器材同样具备实时采集运动数据的功能。通过这些设备记录的信息，消费者不仅能够在运动过程中获取即时反馈，还可以随时通过配套的服务系统寻求专业指导或帮助。而对于经过智能化改造的传统健身房来说，这些创新技术能够有效解决传统体育消费场景中的诸多痛点问题。无论是数据监测、训练指导还是服务支持，都能够得到显著提升。这些科技元素的注入，不仅为体育运动增添了更多趣味性，也使得整个健身过程更加科学和高效。这些创新举措让体育活动变得更加便捷、智能和充满乐趣，大大提升了消费者的整体体验感。

虚拟体育的兴起为传统体育注入了新的活力。它不仅能够提升运动本身的趣味性，还能降低参与门槛并打破时空限制，从而吸引更多人参与到各类运动项目中来。以2022年举办的首届上海虚拟体育公开赛为例，这是国内首个综合性虚拟体育赛事，涵盖了骑行、赛艇、滑雪、赛车和虚拟高尔夫五大运动项目。尽管参与者可能身处世界各地，但通过这个平台，他们得以在一个共同的虚拟赛场中展开角逐。据统计，该赛事吸引了来自全球约1.1万名选手的参与。其中，在虚拟划船比赛中，基于黄浦江实景设计的虚拟赛道尤为引人注目。首届比赛共进行了11场直播，累计观看人数超过200万人，产生了广泛的社会影响。这不仅体现了运动爱好者对虚拟体育赛事的巨大兴趣，也反映出这一新兴形式在推动全民健身方面的巨大潜力。虚拟体育通过创新的方式打破了传统体育的局限性，为更多人提供了参与和享受体育运动的机会。

第二届上海虚拟体育公开赛的举办标志着虚拟体育在全球范围内的蓬勃发展。作为国内首个综合性虚拟体育赛事的延续，本届赛事凭借其独特的沉浸式体验吸引了社会各界的高度关注。从参赛群体来看，上海虚拟体育公开赛的主要参与者集中在10~35岁之间，这是一代伴随互联网成长起来的年轻人。他们对新兴事物的接受度较高，也更愿意尝试将传统体育与数字技术相结合的新形式。虚拟体育巧妙地将传统体育比赛融入游戏化的虚拟场景之中，通过数字化呈现和沉浸式体验，为年轻人提供了一种全新的运动生活方式。赛事的吸引力主要源于其两大特点：娱乐性和易参与性。现代人加入体育项目往往首先考虑的是娱乐价值和便捷程度，而虚拟体育恰好满足了这两点要求。它不仅打破了传统体育在时间和空间上的限制，还通过虚拟的人机交互形式和AI智能场景仿真等高科技手段，将赛艇、赛车、滑雪等通常较为小众的运动项目变得触手可及。这种新兴趋势的出现与年轻一代认知方式和行为模式的变化密不可分。随着赛事的逐步推广，越来越多的年轻人开始认识到，无论平时是否有运动习惯，都可以通过虚拟体育赛事找到参与感并提升技能。这表明虚拟体育不仅是一种竞技形式，更是一个充满娱乐性和社交属性的娱乐平台。第二届上海虚拟体育公开赛的成功举办，再次证明了虚拟体育在吸引年轻群体、推动传统体育数字化转型方面的巨大潜力。这种创新模式正在为体育运动注入新的活力，并为未来的发展提供了无限可能。

通过引入创新场景，赛事直播的观赏体验和社交属性得到了显著提升，同时也突破了时空限制。近年来，体育赛事直播逐渐向第二屏幕延伸，不仅限于电视终端，还广泛覆盖社交媒体等平台。这种多屏互动模式使观众不再局限于传统电视机前，而是能够在观看的同时与其他观众进行实时讨论，从而增强了赛事观赏的社交属性。另一个重要的创新方向是提升直播的体验性，通过数字技术在信号中注入更多动态信息。例如，在球员奔跑时，观众可以看到关于其速度、体能等参数的气泡提示；在足球比赛中，则可以通过画面中的虚拟越位墙清晰判断球员是否越位。这些在真实场地中并不存在的画面元素为观赏体验增添了趣味性。类似地，电视直播中常见的广告和场景信息，在实际赛场中是无法呈现的，但通过技术手段将其融入画面后，大大提升了观众的沉浸感。这种数字化呈现方式使赛事观赏更具互动性和趣味性。虚拟现实（VR）直播也成为一项重要创新方向，部分国外赛事开始尝试使用 VR 技术进行直播。借助虚拟现实设备，观众可以"购买门票"，仿佛置身现场，在家中即可感受如同亲临赛场的氛围。随着科技的持续进步，这些创新场景将进一步提升体育消费体验，打破传统体育消费在时空上的限制，为体育产业带来更广阔的发展空间。

20 世纪 70 年代，全球体育产业进入快速发展阶段，从业者们一直在努力解决"坪效"这一关键问题。坪效指的是单位面积所产生的产出或收益，对于具有表演性质的消费产品而言尤为重要。以场地空间为例，足球场、剧场和电影院在利用率上存在显著差异；而在商业综合体中，网球场的坪效往往低于相同面积的儿童游乐区。此外，山地户外运动公园与山下宾馆的单位面积收益也相差悬殊。当一个国家的体育产业处于快速发展的初期阶段，居民体育消费强度尚未形成规模时，坪效问题往往会更加凸显，直接影响着体育产品和服务的供给能力。如何突破坪效的限制，激活市场供给以满足日益增长的体育消费需求？如何充分利用体育的外部性优势，克服体育产业经济性较弱的短板？这些问题的解决对体育产业的可持续发展具有重要意义。坪效问题还蕴含着一个非常重要的价值维度：通过有效组织体育供给，实现需求与供给的双向增长。在这个过程中，需要思考如何通过创新和多元化手段，提升体育场馆和设施的多功能性，使其不仅能服务于单一运动项目，还能吸引更广泛的受众群体。通过强化体育产业的社交属性、娱乐性和体验性，可以突破传统坪效的限制，创造出更具吸引力的体育消费场景。

这种变革不仅能够推动体育产业的经济增长，还有助于满足人们日益多样化的体育需求，为行业的可持续发展开辟新的可能性。

在现实社会中，并非所有需求都能找到对应的供给。特别是在消费强度不足的情况下，供给可能会出现缺失。例如，某些非常小众的需求在全球范围内可能难以得到满足；以青少年体育培训为例，如果在一个商圈内该需求的比例过低，提供相关服务的市场主体就很难实现盈利。根据 2020 年"十三五"期末的数据，我国居民人均体育消费支出为 1196 元，其中用于体育服务消费的支出仅为 489 元。具体来看，城市居民中三周岁以上有过体育消费经历的比例为 41.8%，这一比例包括了体育用品（如鞋服）的消费，因此实际进行过体育服务消费的比例可能更低；农村居民的体育消费参与度更低，仅有 29% 的农村居民参与过体育消费。在这种情况下，单纯依靠传统方式提供产品和服务往往会面临困难。然而，体育产业具有较强的外部性特征：在进行体育消费时，消费者往往还会产生其他形式的消费行为（如餐饮、旅游等），虽然体育消费本身的付费比例可能较低，但这一特性表明体育消费仍具备发展潜力。通过场景创新，企业有机会改变其商业模式，在满足需求的同时实现盈利。例如，将体育活动与餐饮、娱乐等结合起来，形成综合消费体验；利用新技术手段（如智能设备、线上平台）拓展服务范围；与其他行业合作开发跨界产品。这些创新方式不仅能够提升供给能力，还可能培育出新的经济增长点。因此，在当前体育消费强度较低的背景下，场景创新为需求与供给的有效对接提供了可行路径，有助于推动体育产业的持续健康发展。

2022 年的北京冬奥会和冬残奥会成为北京的城市体育名片，吸引了全世界的目光。这两场冰雪盛事不仅向全球展示了北京的城市魅力，还对城市的知名度、品牌项目以及经济社会发展起到了巨大的推动作用。城市标志性的体育项目和赛事对于塑造城市形象至关重要。以英国曼彻斯特为例，尽管这座城市已不再拥有往日的工业辉煌，但作为英超劲旅曼联和曼城的所在地，曼彻斯特在全球仍保持着高度的知名度。这两支足球俱乐部为城市注入了新的荣耀，带来了全新的活力与光彩。体育的独特精神与魅力能够不断激发人们的生活热情。通过持续创新的体育场景，运动激情与色彩得以融入日常生活。体育赛事作为城市的"金字招牌"，不仅能够吸引国际关注，更为城市的经济社会发展提供了强劲动力。承办国际体育盛事的城市，能够借此展示自身的活力、包容性与发展潜力，从而提升城市形象。这些活动不仅能吸引更多游客和投资者，更能为城市的可持续发展奠定坚实基础。

体育消费场景的创新不仅在促进经济社会发展中发挥重要作用，还成为推动城市更新的重要抓手。一个典型案例是北京市大兴区的一座运动中心——它原本是一个废弃的钢构厂，经过改造后成为全国最大的旧厂房改造体育场馆之一，并于 2022 年跻身北京市网红打卡地行列。这座运动中心占地约 8 万平方米，内部集聚了专业篮球场、室内足球场、蹦床公园和攀岩馆等多元化的运动设施。数据显示，该中心年客流量已突破 85 万人次。通过对废弃厂房的创意改造，这个场馆不仅满足了周边居民日益增长的体育消费需求，更为城市更新树立了成功典范。这一改造项目的意义远超表面的设施升级：它既提升了城市的体育基础设施水平，又为市民提供了多样化的运动选择；既促进了城市空间的多功能利用，也实现了旧有资源的重新激活。创新实践不仅带动了体育消费的增长，更为城市的经济和社会发展注入了新的活力与潜力。这种"变废为宝"的城市更新模式，生动诠释了体育消费场景创新对城市发展的积极影响。它不仅让工业遗迹焕发新生，更推动了区域经济的转型升级，展现了体育产业在城市发展中不可忽视的价值。

将废弃工厂改造成时尚城市运动综合体，经营者往往基于多方面的考量。首先，改造旧厂房是一种极具成本效益的方式：既实现了土地资源的再利用，又避免了大规模拆迁重建带来的浪费。从结构角度来看，原有钢结构空间具有天然优势——单体面积超过 1 万平方米，层高 10 米以上，内部空间简洁开阔，这些特点使得改造过程更加高效且经济。相比于新建项目，改造工程可节省约三成的成本投入。以这家运动中心为例，其成功运营印证了这一模式的可行性：开业次年便实现盈利平衡，并创新性地推出了蹦床公园主题派对活动，为用户打造沉浸式体验场景。这些活动融合 360 度灯光视觉与立体环绕音响效果，而原创儿童舞台剧则成为一大特色亮点——每当有新剧目上演时，都能吸引众多小朋友的热情参与。通过引入丰富有趣的潮流运动项目，这个城市运动综合体成功吸引了大量年轻消费群体，带动周边区域形成了特色体育小镇。当前运营模式的显著成效令经营者充满信心：商家明确表示，未来如有合适场地，将延续这一改造理念进行复制推广。这种创新性运营模式不仅展现了体育产业带动城市活力的潜力，更为闲置工业用地的再利用提供了有益借鉴。

在过去的十年间，中国各地出现了一批将废弃矿坑改造成户外运动公园的成功案例。位于宁夏银川市贺兰山脚下的贺兰山运动休闲公园，是一个具有代表性的例子。这片区域曾经是砂石采矿区，在多年的开采过程中逐渐形成了坍塌区。改造前的贺兰山矿区风沙肆虐、生态脆弱。近年来，运营方通过科学规划与精心设计，充分利用废弃矿坑的独特地形，将其打造成为集生态旅游、运动休闲和葡萄酒文化体验于一体的综合性主题公园。公园周边分布着多个葡萄酒庄，在每年举行的"红酒马拉松"活动中，参赛者们不仅能享受竞技乐趣，还能沿途感受贺兰山东麓独特的葡萄酒文化。这一活动的举办不仅吸引了来自全国各地的跑步爱好者，而且显著提升了周边酒庄的品牌影响力和产品销量。贺兰山运动休闲公园的成功改造，诠释了废弃资源通过创新利用实现生态价值提升的可能性。借助体育赛事与活动，这一项目为当地相关产业注入了新的活力，形成了良好的经济效益和社会效益。

从全球经济发展规律来看，当一个经济体的人均国内生产总值达到 1 万美元时，其体育产业往往开始启动并进入快速增长期。2019 年，中国的人均国内生产总值突破了 1 万美元，随之体育消费也进入加速扩张阶段。在"十三五"时期，中国居民体育消费的复合年均增长速度达到了 12.5%，而同期居民消费支出的复合年均名义增速为 6.5%。就体育产业而言，在"十三五"时期的前四年，中国体育产业增加值的实际复合年均增速达到 16.5%，相较之下，同期中国 GDP 的实际复合年均增速为 6.7%。这表明中国体育产业蓬勃发展的势头绝非偶然，并预示着中国体育产业将迎来更加广阔的发展黄金期。这一趋势反映了经济发展与体育产业增长之间密切的正向关联，同时也为体育产业的繁荣发展奠定了坚实基础。

未来我国体育产业拥有广阔的发展空间，可以创造出多样化的体育消费新场景。在过去的十年里，体育消费场景迅速遍及城乡，其中许多场景的出现超出了人们的预期。人们对体育场景的创新充满期待。在近十年的体育产业发展中，我国采取的主要策略是以重资产和技术密集型为导向的发展模式。这种发展模式使我国体育产业呈现出与欧美国家显著不同的特征。在欧洲，体育产业被视为一种生活性服务业，属于劳动密集型产业。数据显示，欧洲体育产业的劳动生产率低于国民经济平均水平。在我国，体育产业的劳动生产率显著高于国民经济平均水平，尤其是体育服务业的劳动生产率更是处于领先地位。这种差异正体现了我国在体育消费场景创新方面的独特成果。高劳动生产率的结果具有积极意义，因为通过创新能够更好地满足消费者的体育消费需求。未来随着科技的进步和消费者需求的不断变化，体育产业将展现出更多可能性，并能够创造更多创新性、个性化的体育消费场景，为中国体育产业发展注入新的活力。

当前我国出现了大量体育消费场景的创新实践，这正是我国制度优势的体现。例如，这些创新不仅源于基层实践，更离不开顶层制度设计的支持，特别是资源的整合与协调能力，这正是中国特色社会主义市场经济体制的优势所在。我国在这方面的效率显著更高。体育消费场景创新的重要方向之一是对传统体育消费空间的智能化改造，而所有智能化升级都依托于我国移动互联网网络体系。我国庞大的人口规模以及高度发达的移动互联网基础设施，为这种创新提供了坚实基础。

体育消费场景创新在我国已取得显著成效，当然这种创新成果的实现并非偶然，而是建立在我国独特制度优势和政策支持的基础上。过去十年间，场景创新在我国体育产业的高速发展过程中发挥了关键作用，预计未来仍将扮演重要角色。根据 2019 年发布的《体育强国建设纲要》，到 2035 年，体育产业将发展成为国民经济中的支柱性产业。这意味着我们需要在短短十几年内，使体育产业增加值占 GDP 的比重从当前约 1% 大幅提升至 4%，这是一个极具挑战性的宏伟目标。展望未来，场景创新将持续为体育产业发展注入活力，助力实现这一目标。在这个过程中，体育消费场景创新不仅将为人们带来更多惊喜和便利，还将更好地满足人民群众对美好生活的向往。同时，作为扩大内需、推动经济高质量发展的重要力量，它将在国家经济发展大局中发挥更加关键的作用。这不仅是体育产业的机遇，更是经济社会全面发展的新引擎。

第二节　城市体育消费新场景案例

一、长三角城市群体育消费新场景案例

长三角地区作为长江经济带与"一带一路"的重要交汇区域，在发展过程中展现出独特优势。这里不仅拥有气候宜人、物产丰富的自然资源禀赋，还具备便捷的综合交通网络、发达的现代产业体系和丰富的科教资源，形成了显著的区位优势和强大的综合实力。2008 年，《国务院关于进一步推进长江三角洲地区改革开放和经济社会发展的指导意见》将"长三角一体化"这一学术概念正式提升为国家战略。该文件提出了一系列发展举措：加速优化产业结构、构建具有国际竞争力的区域创新体系、积极推进重大基础设施一体化建设，以及推动教育、卫生、文化、体育等社会事业的发展。国务院发布的《长江三角洲城市群发展规划》为长三角城市群设定了清晰的发展目标。中期目标是在 2020 年前，基本形成一个经济充满活力、高端人才聚集、创新能力突出、空间利用高效的世界级城市群框架。届时，长三角地区将在全国 2.2% 的国土面积上集中 11.8% 的人口和 21% 的地区生产总值，实现人口和经济密度的进一步提升。远期目标则设在 2030 年前，旨在将长三角城市群打造成为全球资源配置的重要枢纽，巩固其服务全国、辐射亚太的战略门户地位。在全球价值链和产业分工体系中，该地区的国际竞争力和影响力将得到显著增强，最终全面建成具有全球一流品质的世界级城市群。当前，长三角地区正致力于构建"最具经济活力的资源配置中心、具有全球影响力的科技创新高地，以及全球重要的现代服务业和先进制造业中心"。在此过程中，长三角地区的一体化进程持续深化，区域合作机制不断完善并有效运作。

长三角地区作为我国体育产业发展的重要引擎，在起步阶段便展现出强劲动力和发展活力。当前，长三角地区已发展成为全国体育产业最为发达的区域，其

体育产业总量约占全国的 30%。该地区的体育产业发展状况对我国整体体育产业发展具有重要引领作用。近年来，长三角地区在推进体育产业一体化进程中提出了两大战略目标：建设世界级体育资源配置平台和打造具有全球竞争力的世界级城市群。在此过程中，长三角地区形成了新的体育产业发展格局，推动体育产业成为长三角经济转型升级的重要引擎。在这一过程中，推动体育产业结构优化升级，尤其是发展现代体育服务业是关键。这不仅有助于实现区域体育产业的高质量发展，也为长三角地区体育产业协同发展目标提供了重要支撑。体育产业发展需要与深化产业分工、优化产业结构、延伸产业链条相结合，构建紧密联系的体育产业体系，形成"经济共同体"和"利益共同体"，从而实现长三角地区体育产业的整体发展目标。在长三角区域发展视角下，如何合理规划体育产业结构空间布局，促进区域协同发展以推动体育产业高质量发展，已成为重要议题。

2019 年 12 月，中共中央、国务院正式印发《长江三角洲区域一体化发展规划纲要》，将长三角一体化发展上升为国家战略。其中，体育产业作为重要组成部分，标志着在区域发展中有了明确的目标定位和发展使命。为更好地推动长三角地区一体化高质量发展，在 2020 年 8 月的长三角一体化发展座谈会上，习近平总书记深入贯彻落实指示精神，强调指出：长三角一体化要在重点领域和关键环节率先实现突破，以点带面加速推进长三角一体化发展进程，从而在区域发展中形成新的发展格局。

2016—2020 年，长三角体育产业增加值平均增长率为 12.3%，远高于同期 GDP 的增速。总体上看，长三角地区体育产业一体化发展初见成效，但尚处于起步阶段，还有诸多方面需要进一步健全和完善。

长三角地区体育产业一体化水平总体上仍有提升空间，顶层设计需要进一步完善。由于长期存在的市场分割和地方保护政策，制度上的惯性成为制约因素，需要创新协同治理模式以促使长三角体育产业一体化协作向更深层次迈进。

2019 年，《国务院办公厅关于促进全民健身和体育消费推动体育产业高质量发展的意见》正式印发。在长三角城市群中，上海市的杨浦区、徐汇区，江苏省的南京市、常州市、苏州市，浙江省的宁波市、绍兴市，以及安徽省的合肥市、黄山市被确定为发展体育消费试点城市。这为长三角地区体育产业发展带来了重要机遇。中国连锁经营协会（CCFA）联合尼尔森 IQ（NielsenIQ），首次发布了《2020—2021 年度中国购物中心消费者洞察报告》。该报告显示，2020—2021 年期间，消费者信心正在逐步恢复，同时，购物中心的功能定位也在发生转变，正从单纯的购物场所向社区化、社交化的消费空间转型。

在线上消费快速发展的背景下，如何吸引消费者重返线下实体店？如何通过独特体验让购物中心重新焕发魅力？2019 年 12 月 20 日，"闭关修炼"了整整 9个月的上海新世界城以全新姿态亮相，这是其开业以来第五次大规模调整。改造后的新世界城聚焦于突破传统零售模式，注入休闲娱乐、社交体验与主题概念，为消费者带来多元化消费体验，成功实现了从传统百货向现代化商业主题乐园的转型升级。经过五次改造升级，新世界城已成功转型为现代化商业主题乐园。《2020—2021年度中国购物中心消费者洞察报告》显示，当今消费者对购物中心提出了更高要求。传统步行街由于商业空间较为陈旧、品牌结构略显单一，已无法满足年轻人对个性化体验和社交打卡的需求。据中商数据显示，2020年以来，南京路步行街娱乐体验类业态增加了31%。其中，南京东路所在的南京路步行街已成为上海最繁华的商业街区之一。新世界城引进了众多创新性的娱乐体验项目。徐家平总经理介绍道："这座名为'天宇'的攀岩墙总高51.28米，从南中庭3楼延伸至12楼，已获得吉尼斯世界纪录认证为'世界最高的室内岩石攀岩墙'。包括4条自动保护道（高度分别为11米、13米、15米和18米）以及1条专业顶绳保护道。"这座创新性的攀岩设施不仅成为上海市民休闲娱乐的新去处，更吸引了众多专业攀岩爱好者前来挑战。该攀岩墙的设计灵感源于自然岩石山体，并融入新世界城整体建筑风格，采用特殊镀膜工艺呈现立体银色高山效果，为消费者带来身临其境的户外登山体验。在全长51.28米的攀岩道上，特别设置了灯光引导系统。攀爬过程中，灯光会在脚下岩点处闪烁提示，既增添趣味性又保障了安全。这座创新性的攀岩设施不仅成为上海市民休闲娱乐的新去处，更吸引了众多专业攀岩爱好者前来挑战。

几个朋友相聚，约一场篮球或是高尔夫，再玩几局台球、飞镖，饿了还能点份牛排、喝杯啤酒——这样运动与休闲结合的时光对年轻人极具吸引力。位于黄浦区绿地潮方商业中心的洛克公园高尔夫尊俱乐部正上演着这样的场景，它颠覆了人们对传统体育场地设施的印象。除了城市"金角银边"的运动场，市民还可以走进CAZ（中央活力区），让体育生活更加高雅时尚。CAZ是CBD（中央商务区）的一种衍生形态，它不仅包含金融和商业服务业功能，更通过空间布局和功能重构，成为集旅游休闲、购物消费、文化娱乐、体育健身于一体的大型商旅文活动集聚区。洛克公园高尔夫尊俱乐部是洛克公园与GOLFZON CHINA在国内合作的首个联名休闲运动俱乐部。俱乐部的设计充满创意：未经打磨的方块巨石被纵横交错地矗立在地面，象征着品牌深深扎根于上海这座绚丽多彩的城市。其中，星空篮球场无疑是最大的亮点——休息区墙上陈列着NBA明星球员的签名球衣，浓浓地营造出篮球文化的氛围；而挑高空间的天花板上星光熠熠，更增添了未来感与科技感。另一个重要亮点是Golfzon高尔夫体验区。俱乐部引进了全球领先的室内高尔夫模拟器Golfzon，为爱好者打造了一个顶级的"高尔夫乐园"。对初学者来说很友好——在这里，不仅能够感受真实的高尔夫运动乐趣，还能通过模拟器实现跨地域连线，与世界各地的选手"同场竞技"。篮球与高尔夫的跨界融合不仅体现了两家企业强强联合的发展理念，更为体育界注入了创新思维，打开了新的想象空间。

在洛克公园高尔夫尊俱乐部，人们可以体验篮球、高尔夫、飞镖、台球、游戏机等丰富多元的运动项目，同时还能享受美酒美食。这里不仅是一个运动场所，更是一个以运动为主题的线下餐饮娱乐品牌。这样集运动、文化、娱乐于一体的场所，将更好地满足周边外滩金融企业白领的一站式需求。随着体育新需求的不断释放，体育新消费和新基建正在成为推动体育发展的持续原动力。打造具有上海城市特点的体育新空间，引入更多创新的体育项目，为市民创造多层次、多样化、个性化的体育消费体验场景，也将是未来上海体育场地设施建设的重要发展方向。作为国内篮球场地运营的领头羊，洛克公园不仅在闲置空地、屋顶空间、高架桥下等城市的"金角银边"建起了大批优质的篮球场，更始终在探索运动与城市空间结合的新模式。对于企业未来发展，洛克公园创始人戴富祺表示，他将持续关注体育新消费趋势，推动体育场景的创新升级，为更多热爱运动的人们创造价值。

"2022 年长三角地区体育旅游精品项目"榜单中，南京市建邺区的河西滨江绿道脱颖而出。该项目由建邺区文旅局、南京滨江公园和南京七加二网络科技公司三方联合打造，于 2014 年 8 月正式对外开放。该项目采用全球领先的精品赛事组织管理模型，并融合物联网、大数据和云计算等先进技术，具备全民健身、体验旅游、活动运营、智慧办赛和绿道管理等多项功能。支持路跑、骑行等多种赛事活动，为参与者提供全天候、无接触、自助式的参赛体验。河西滨江绿道设置了 3 处起终点、6 个计时点和 9 组智能柜，为参与者提供了完整的赛事服务，包括号码领取、存取包、计时打卡、成绩排名以及完赛物资发放等。绿道设计了 5 条不同长度的赛道，满足从 4.5 千米到 21 千米的不同运动需求。项目沿线景区充分利用地域特色，巧妙融入历史文化元素，打造出一条"以滨江风貌为特色的带状开放式生态休闲空间"。各年龄层次的市民均可在此享受大自然带来的乐趣。通过打造"河西滨江公园生态马拉松四季联赛"品牌，智慧绿道在南京及周边地区的影响力持续提升。2018 年，该项目被江苏省田径运动协会授予"江苏省半程马拉松赛事官方赛道"称号；2020 年，被南京市体育局评选为"2020 年南京最美健身步道"之一，并入选"首批江苏省旅游风景道"名单；2021 年，该项目还入选了南京市创新名城建设大会十大创新应用场景。

为了完善群众健身场地设施，形成布局合理、供给丰富、功能完善的"健身圈"，长三角地区各城市多措并举，许多闲置土地被改造成"金角银边"的案例令人眼前一亮。这些举措不仅有效拓展了运动健身空间，也为城市容貌增色不少。每逢节假日，全国多地的健身场馆面向群众免费开放，以满足人民群众日益增长的体育需求。浙江杭州增添了一个令市民心动的篮球运动新空间：作为浙江省首个嵌入式城市篮球场，同时也是杭州目前最大的桥下篮球公园——德胜路与石桥路交叉口西南侧的篮球公园开始试运营。这座位于市民家门口的篮球公园，巧妙利用高架桥下空间建设而成，总面积达 2.08 万平方米。园区内包含 4.5 片篮球场、2 片篮球网球复合场、1 个网球场、1 个五人制足球场和 1 个气排球场。投入使用后，不仅填补了德胜区和石桥区块运动场所设施的空白，还为周边拱墅区、上城区近万户居民提供了便捷的运动场所，进一步提升了当地居民的生活品质。

二、珠三角城市群体育消费新场景案例

珠江三角洲城市群是亚太地区最具活力的经济区之一，拥有广东 70% 的人口，创造全省 85% 的 GDP，因独特的地理和经济优势被誉为"南海明珠"。

在"十三五"期间，广东体育产业实现了快速发展，体育产业增加值连续多年位居全国前列。"十四五"期间，广东将继续发力，致力于构建现代体育产业体系，并计划打造珠三角地区"一小时体育圈"。到 2025 年，广东省体育产业的发展目标包括：体育产业增加值增速超过全省国民经济增长速度，其占 GDP 比重达 2% 左右；体育产业总规模突破九千亿元；人均体育场地面积达到 2.5 平方米，经常参加体育锻炼的人数占全省常住人口比例达 45% 以上；城乡居民体质合格达标率不低于 95%。

广州融创文旅城位于广州市花都区，占地面积约 220 万平方米，总投资额达 500 亿元。园区内精心打造了融创乐园、融创茂、高端酒店群、广州融创雪世界、广州融创水世界、广州融创体育世界、大剧院以及滨湖酒吧街等多元业态，旨在构建一个集休闲娱乐于一体的文体旅资源生态平台。广州融创文旅城秉持"体育+旅游"的发展理念，巧妙融入体育、旅游、休闲、亲子活动等多种元素，形成了以体育为核心主题的全新乐园。广州融创雪世界和广州融创体育世界采用尖端设计理念，共同打造体育服务综合体，推动全民健康运动的发展。广州融创雪世界占地面积约 7.5 万平方米，是全球最先进的第四代室内滑雪场之一，同时也是全球最大的室内滑雪主题乐园之一，内设滑雪区和冰雪游乐区等多功能区域。广州融创体育世界占地面积约 1.86 万平方米，设有五大功能分区，涵盖 22 个运动项目，充分满足各年龄段消费者的多样化需求。广州融创雪世界于 2019 年 6 月 5 日正式开放，迅速取得了显著的经济效益和社会影响力。截至 2020 年 9 月，广州融创雪世界累计接待游客超过 100 万人次，单日最高客流量达 5600 人次。与此同时，广州融创体育世界于 2019 年 12 月 20 日投入使用，引入了 22 项与全民健身理念高度契合的运动项目，截至 2020 年 9 月，已累计接待游客超过 60 万人次，展现出强劲的发展势头。

广州融创文旅城位于广州市花都区，占地面积约 220 万平方米，总投资额达

500 亿元。该文旅城集多种功能于一体，涵盖了融创乐园、融创茂、高端酒店群、广州融创雪世界、广州融创水世界、广州融创体育世界、大剧院以及滨湖酒吧街等多元业态。作为以体育为核心主题的综合项目，其设计理念体现了"体育＋旅游"的融合发展思路，并通过融入体育、旅游、休闲和亲子活动等多种元素，形成了独特的多功能空间。广州融创雪世界与广州融创体育世界是文旅城中的重要组成部分。其中，广州融创雪世界占地面积约 7.5 万平方米，是一座全球先进的第四代室内滑雪场，同时也是规模较大的室内滑雪主题乐园之一，内部设有滑雪区和冰雪游乐区等功能分区。而广州融创体育世界占地面积约 1.86 万平方米，包含五大功能区域，提供涵盖 22 个运动项目的设施，充分满足不同年龄层游客的多样化需求。自投入使用以来，文旅城取得了显著的经济和社会效益。广州融创雪世界于 2019 年 6 月 5 日正式运营，截至 2020 年 9 月，累计接待游客超过 100 万人次，单日最大客流量达 5600 人次；同期，广州融创体育世界自 2019 年 12 月 20 日开放后，也吸引了大量游客，累计接待量超过 60 万人次。这些数据表明，广州融创文旅城在推动区域经济发展和促进全民健身活动方面具有重要意义。

高质量体育服务的实现离不开专业化和多元化的设施。在专业化场馆设施方面，广州融创雪世界配备了先进的硬件与软件设备，滑雪道维持恒温 $-6℃$，确保积雪厚度约 40 厘米，并设有中级和高级滑雪道，最大垂直落差达到 66 米。其中，两条立体交叉滑雪道的设计尤为引人注目。广州融创体育世界的卡丁车项目采用了广州市首个立体赛道设计，该赛道由法拉利乐园卡丁学院主导规划，致力于为专业赛事提供支持，并积极引入国内外室内卡丁车赛事。广州融创雪世界被划分为两大功能区域：滑雪区与冰雪游乐区。其中，冰雪游乐区包含七彩冰世界、飞越冰川、探险步道、雪上飞碟、冰上碰碰车及冰上自行车等六项特色冰雪游乐项目，为游客提供多样化的体验选择。与此同时，广州融创体育世界则分为活力体验、激情赛道、功夫学堂、冒险岛和运动嘉年华五大功能区域。这种科学的功能分区设计充分考虑了各年龄层次消费者的不同消费需求，能够满足多样化的娱乐与运动需求。

广州融创文旅城通过多元化举措，积极推动冰雪运动的普及，有效激发市民参与热情，进一步促进体育消费。首先，以娱乐产品为突破口，推广冰雪运动。广州融创雪世界特别设置了冰雪游乐区，游客可通过探险步道、飞越冰川等低难度项目亲身体验冰雪乐趣，降低初次参与者对冰雪运动的尝试门槛。其次，通过多渠道、多形式推广滑雪运动。一方面，与企业合作，将滑雪活动融入团队建设等企业定制服务；另一方面，以社区为切入点，举办青少年滑雪训练夏令营，并邀请滑雪世界冠军参与公益教学，利用明星效应吸引更多青少年关注并参与冰雪运动。最后，广州融创文旅城积极响应"冰雪进校园"计划。通过与政府和教育机构合作，推动冰雪运动在校园中的普及与发展，将滑雪场纳入学校"第二课堂"计划中，为青少年提供更广泛的学习与实践平台。

广州融创文旅城在技能培训体系方面秉持"专注成长、关注健康"的教学和运营理念，并整合国际化权威培训资源，致力于提供专业优质的教育服务。在滑雪培训方面，广州融创雪世界与英国滑雪协会（BASI）达成深度合作，由经过BASI认证并持有指导员证书的专业教练团队，依据BASI滑雪体系的教学目标和技能清单，为学员提供系统化、规范化的教学服务。在师资建设方面，广州融创雪世界积极助力退役运动员的职业转型，并推动广东省体育人才队伍的专业化发展。例如，2019年，其主办了"广东省退役运动员职业过渡期培训班"，旨在培养符合市场需求的滑雪指导员队伍，协助退役运动员掌握新技能、拓展职业发展空间。这一举措不仅为行业输送了专业人才，也为社会树立了良好的企业公民形象。

融创文旅集团以滑雪运动为核心，积极探索多元化的冰雪项目，致力于推动"三亿人参与冰雪运动"的宏伟目标。第一，实现南北布局，全季覆盖。融创文旅旗下六大雪场分别位于哈尔滨、广州、无锡、昆明、重庆和成都，总面积达到29.85万平方米，形成了全国范围内四季皆宜的滑雪体验网络。第二，构建完整的融创滑雪培训体系。该体系涵盖大众滑雪培训、竞技滑雪培养以及教练员滑雪培训三大板块，旨在普及滑雪运动的同时，挖掘并培养优秀的滑雪人才。例如，2019年，融创文旅集团启动了"轮值校长计划"，邀请世界滑雪冠军担任轮值校长，为学员提供专业指导和现场教学。第三，建立滑雪俱乐部。通过整合业内优质资源，融创文旅为会员提供了多样化的冰雪产品和精准化服务，成功组建了一个充满活力的滑雪爱好者社区。第四，主办高水平滑雪赛事。融创文旅不仅承办国际级滑雪赛事，还打造自有品牌赛事，并组建了一支由12名高水平选手组成的青少年竞技滑雪队，进一步推动了冰雪运动的专业化发展。通过整合产业链上下游资源，融创文旅积极寻求国内外合作机会，共同探索资源共享与价值提升的创新模式。在冰雪旅游的基础上，融创文旅进一步拓展至冰雪品牌、冰雪建筑、冰雪艺术、冰雪文化和冰雪影视等多个领域，形成了相互补充、协同发展的多元化运营模式，为整个冰雪生态系统的繁荣注入了强劲动力。

作为深圳市标志性超大型文体综合空间，龙华文体中心已成为城市中轴线上的重要地标，同时也是市民健身锻炼的重要新去处。该场馆通过引入数字化技术，实现了传统体育场馆功能的变革与创新。以下以一场典型赛事为例，探讨数字化技术在场馆运营中的应用。赛前阶段，观众可接收到来自龙华文体中心的信息推送，并完成在线购票流程。随后，凭借人脸识别系统，观众能够快速、便捷地进入场馆，同时通过虚拟现实（VR）技术实现座位的精准定位与导航。这一过程体现了数字化技术在提升入场效率方面的显著优势。比赛期间，数字化技术进一步优化了观赛体验。5G 网络凭借其高带宽、高并发和低时延的技术特性，不仅满足了现场观众对高速网络的需求，还为场馆提供了智慧化安防保障。此外，场馆内的实时数据传输和多维度信息呈现，也为赛事组织和观众互动创造了更多可能性。比赛结束后，场馆通过智慧化的人流管控系统，确保观众有序离场，避免人员聚集带来的安全隐患。这一环节体现了数字化技术在提升场馆运营效率和安全性方面的重要作用。

这座超大型文体综合空间不仅在体量上具有庞大的规模，更在智能化管理与数字化创新方面展现了显著特色。龙华文体中心占地面积约为 6.4 万平方米，总建筑面积达 11 万平方米，同时配备了龙华区数字孪生仓这一重要设施。该场馆通过数字孪生技术实现虚拟化管理与实时信息呈现，具备智能化的运行监测与播报功能。在 2022 年上半年，龙华区新增文体设施面积达到 22 万平方米以上，进一步体现了区域文体事业发展的重要进展。

数字化平台不仅实现了"让想运动的人找到场地，已有的体育场地得到有效利用"，更显著提升了体育场地的高效可达性。龙华区已有 251 家社会场馆、公益场馆及学校场馆接入"一键预约"系统，形成了全市范围内数量最多、类别最为丰富的文体预约资源。数字化服务切实改善了市民生活品质，政府亦通过多项举措进一步提升公共服务水平：不仅连续推出多期"龙华区体育消费季"活动，在"i 深圳"APP 累计发放超过 375 万元的体育消费补贴，还积极吸引社会运营场馆加入"一键预约"平台。这一系列措施有效促进了文体服务供给端与需求端的双向匹配，充分体现了政府在提升市民福祉方面的努力与成效。

随着体育活动逐渐融入居民日常生活并成为重要的社交形式，数字化体育设施在社区层面得到了进一步发展与普及。在深圳北站中心公园新增的室外智能健身房成为市民热衷体验的运动场所，这一设施通过科技手段与体育运动的结合，不仅提升了运动参与的趣味性，还为使用者提供了全面的体质监测数据。这表明，数字化体育设施正在深刻改变居民的生活方式，推动全民健身理念的有效实践。

三、京津冀城市群体育消费新场景案例

京津冀城市群通常被称为"首都经济圈"，其发展定位为建设"以首都为核心的世界级城市群、区域整体协同发展改革引领区、全国创新驱动经济增长新引擎、生态修复环境改善示范区"。该城市群空间结构可划分为四个功能分区：中部核心功能区、东部滨海发展区、西北部生态涵养区和南部功能拓展区。2017 年 4 月，经国务院批准设立的雄安新区正式成立。作为位于河北省境内的国家级新区，雄安新区的建立进一步推动了京津冀城市群向世界级城市群的战略性发展

进程。

自 2014 年京津冀协同发展被确立为国家战略以来，在产业协同发展的带动下，区域内体育产业的发展环境得到了显著优化。这一系列政策红利的释放，推动了体育休闲产业的持续健康发展，并为区域经济转型升级提供了新的增长点。

随着城镇化进程的推进以及居民消费能力的持续提升，区域内居民参与体育健身的热情显著增强。根据第四次全国国民体质监测数据，京津冀三地的居民体质检测合格率分别达到 91.6%、93.0% 和 84.1%，这一结果在一定程度上反映了区域内居民体育锻炼的积极参与程度，体现了该区域较高的全民健身普及水平。

2014 年 7 月，京津冀三地体育行政管理部门共同签署了《京津冀体育协同发展议定书》，正式确立了区域体育合作机制。该议定书明确了三方将在体育资源共享、市场整合及产业链优化等方面展开深度协作，致力于构建区域体育产业的协同发展格局。同年 10 月，《国务院关于加快发展体育产业促进体育消费的若干意见》明确提出，将重点扶持京津冀地区打造具有区域特色的体育产业集群。

2015 年以来，伴随着《京津冀协同发展规划纲要》以及《"十三五"时期京津冀国民经济和社会发展规划》等一系列专项规划和政策文件的相继颁布与实施，京津冀协同发展在顶层规划的引领下步入了全面统筹实施的发展新阶段，标志着区域一体化进程迈入新的历史阶段。与此同时，2022 年北京冬奥会的成功申办成为推动京津冀区域合作的重要里程碑事件，标志着京津冀区域合作进入了一个新的发展阶段。通过北京与张家口两地联合举办冬奥盛会，将推动两地在资源利用、环境保护、市场整合、产业升级及基础设施建设等领域实现优势互补，从而促进我国冰雪运动及相关产业的快速成长。习近平总书记在 2016 年 3 月听取北京冬奥会和冬残奥会筹办工作汇报时强调，应将两项赛事的筹办作为推进京津冀协同发展战略的重要抓手，并在全面实施该战略中发挥引领作用。

2023 年 3 月 18 日，位于丰台区葆台北路、毗邻世界公园的金岁广场正式启用，为首都增添了一处大型体育综合体。该场馆占地面积约 15 万平方米，集篮球馆、羽毛球馆、攀岩馆及网球馆等体育场馆于一体，最多可同时容纳 6000 至 8000 名运动爱好者，旨在为南城居民打造一处优雅的健身休闲场所。金岁广场还引入了北京市首个斯伯丁品牌冠名的篮球场馆和全市唯一的尤尼克斯品牌冠名的羽毛球场馆。这一项目的实施源于对该区域原有闲置资源的有效盘活：该地块原为葆台村一处闲置库房，通过对其实施全方位改造升级，包括场地平整、建筑加固、市政配套完善等工程，使其焕然一新。经过精心规划与打造，金岁广场形成了集休闲运动、体育文创及复合型商业运营于一体的多元化业态布局。这一项目的成功实施不仅实现了区域资源的高效盘活，更有效推动了当地经济社会发展，并为周边居民提供了优质的生活服务配套和多样的全民健身场所。

　　该综合体项目的成功建设和运营，标志着丰台区乃至北京市西南部地区在体育消费服务领域的重大突破。项目通过构建以体育场地运营为核心，教育培训服务为支撑，休闲文化建设为抓手的产业链体系，不仅为周边居民提供了便捷的运动场所，更为区域体育事业发展注入新活力。在探索全民健身公共服务体系创新实践中，该项目取得了积极成效：一方面，为各年龄段人群提供全方位、多层级的运动健康解决方案；另一方面，在促进区域内休闲体育产业发展方面具有重要示范作用。创新运营模式和消费场景设计有效提升了区域体育服务供给水平和居民生活品质。该项目的成功实施不仅为丰台区经济高质量发展提供了新引擎，更为落实区域发展战略目标奠定了坚实基础，充分彰显了"倍增追赶、合作发展"的实践价值。

　　作为北京市首个由国际品牌冠名的专业篮球场馆，斯伯丁篮球公园在设施配置和服务水平方面树立了行业标杆。项目采用专业赛事级硬件设施，并配备高水平运营服务团队，为各类篮球活动提供坚实保障。场馆内部设有 4 片标准篮球场地，其中主场地特别规划了 spectator seating area（观众席），满足举办高水平赛事需求。所有场地铺设了特制 A 级专用运动木地板，采用双层龙骨结构配以加厚减震橡胶衬垫，并在表面喷涂专业级防滑环保涂料，有效提升运动舒适度与安全性。该场馆不仅为区域体育事业发展提供了高质量硬件支撑，更为推动全民参与篮球运动创造了良好条件。其标准化、专业化的建设运营模式，对区域内体育场馆建设具有重要示范意义。

　　作为北京市唯一一家由国际品牌冠名的专业羽毛球馆，该场馆在设施配备和服务水平方面树立了行业标杆。馆内设有 16 片标准羽毛球场地，铺设专业赛事级运动地胶，并采用加厚龙骨结构配以专业减震系统。同时配备全新中央空调设施、整洁便利的更衣室与盥洗间以及近万平方米大型停车场，可满足不同等级的赛事及活动需求。

　　总面积约 600 平方米的奥攀攀岩馆采用科学的功能分区，包括体验区、先锋区、速度区、教学区、攀石训练区及自由攀爬区，并特别设置青少年体能训练区、休闲办公区和独立卫生设施。馆内核心区域包括宽达 40 米、高 11 米的大岩壁，以及 30 米宽、4.5 米高的攀石训练墙，整体攀爬面积约为 600 平方米。其中难度区配备 11 台自动保护装置，先锋区规划有 9 条经典线路，并可设定约 60 条多样化路线。此外，还特别设置了三条青少年专用速度赛道，高度达 11 米。

　　占地面积 650 平方米的启晟弓箭俱乐部拥有完善的配套设施，包括 40 个体验靶位、17 条专业级 18 米靶道、17 条标准 30 米靶位以及室外备用训练设施（含 8 条 30 米和 4 条 50 米靶位），可满足室内外射箭活动需求，是北京市稀缺的室内长距离练习场地之一。俱乐部秉持普及与提升并重的发展理念，通过科学化训练体系和趣味性教学方法，帮助射箭爱好者快速掌握基础技能，有效提升技术水平。无论业余爱好者、初学群体还是专业选手，均可在此体验射箭运动的独特魅力，享受竞技乐趣。

自试运营以来，园区各场馆已累计接待游客十万余人次，成功承办多项国家级赛事活动，其中包括羽毛球馆举办的全国业余最高级别赛事。后续将重点推进园区配套设施的优化升级与环境美化工作，致力于将其打造成为集便民、惠民、利民于一体的数字体育示范园区。同时，园区还将创新运营理念，积极发展特色美食、特色马戏嘉年华、夜间经济及节假日专属主题嘉年华等活动项目。此外，二期工程正在加紧建设中，规划了总面积达 10 万平方米的大型儿童活动中心、室内滑冰场、室内水上乐园、模拟飞行体验区及室外足球运动场等多元化业态，以进一步丰富园区功能与吸引力。将各类运动项目引入社区，为市民提供近距离接触和参与体育赛事的机会，是一种全新的生活体验。从三大球类运动到炫酷滑板、动感电竞、活力飞盘等多元化的体育娱乐项目，在满足市民健身需求的同时，也为夜间经济注入了新的活力。

作为天津市河西区政府联合市体育局、市商务局及渤海体育共同打造的重点品牌项目，"哪吒体育嘉年华"自 2019 年启动以来，始终以全民健身为核心载体，积极挖掘体育消费潜力与创新模式，致力于塑造具有区域影响力的夜间经济品牌。通过精心策划与组织，嘉年华不仅为市民提供了观看和参与各类赛事的平台，更旨在传播健康的生活方式理念。经过四年的探索与实践，"哪吒体育嘉年华"已形成成熟的运营体系，并成功打造出"体育＋文化＋经济"的综合消费模式，有效激发了市场活力与社会参与度。活动期间，创意市集、街机争霸赛、体能挑战赛等文娱互动项目轮番登场；同时，演艺集团演出、脱口秀竞演、亲子戏剧工作坊以及戏曲与体育跨界融合的表演秀等活动为市民带来了丰富多彩的文化体验。最初以传统足篮排三大球类项目为主打的"哪吒体育嘉年华"，已逐步发展成为集体育赛事、文化娱乐、商业消费、休闲体验于一体的综合型夜间经济街区，构建了全方位的生活场景与消费生态。

四、长江中游城市群体育消费新场景案例

长江中游城市群是以武汉市为核心，以武汉城市圈、长株潭城市群和鄱阳湖生态经济区为主体形成的特大型国家级城市群。该城市群呈现"极核＋走廊"的点-轴式空间结构，城镇群空间分布以武汉、长沙、南昌三个省会城市为核心，沿沪蓉、京广、沪昆等交通走廊轴向拓展。2022 年，《长江中游城市群发展"十四五"实施方案》（以下简称《方案》）由国家发展和改革委员会正式印发。《方案》明确提出，长江中游城市群将以科学分工与协同发展为导向，构建"三核三圈三带多节点"的空间格局，推动大中小城市和小城镇的协调发展。"三核"指

的是湖北省武汉市、湖南省长沙市和江西省南昌市三个省会城市；"三圈"则指武汉城市圈、长株潭都市圈以及鄱阳湖生态经济区内的南昌都市圈。通过这一规划布局，《方案》旨在优化区域资源配置，提升城市群整体发展水平。

在全球经济增速放缓、不稳定性因素增多的背景下，区域经济协调发展已成为我国经济健康可持续发展的重要途径。长江中游城市群作为长江经济带、促进中部地区崛起、"一带一路"等多个国家战略的关键承载地和交汇点，在我国区域经济新发展格局中具有重要地位。体育产业一体化协同发展是长江中游城市群整体协同发展的有机组成部分，对推动区域高质量发展具有重要意义。

在推动区域经济一体化过程中仍面临以下挑战：合作机制有待健全，高端创新平台相对缺乏，区域内部产业一体化水平有待提升，中心城市与周边城市的关联性不强等问题依然存在。体育产业的发展主要局限于三大省会城市之间的内部交流与合作，尚未充分覆盖区域内中小城市和周边地区，其发展潜力仍未得到全面释放。加强协同发展、完善合作机制、提升创新水平、增强城市间互联互通将是推动长江中游城市群体育产业全面提升和高质量发展的重要举措。

在 2018 年第一轮中央生态环境保护督察"回头看"期间，群众反映武汉市汉阳炼钢厂冷却池地块长期以来未得到妥善管理，周边环境受到严重影响。对此类问题，湖北省委、省政府和武汉市委、市政府高度重视，并深刻认识到问题的严重性。该问题被列为整改重点案件后，相关部门采取了一系列有效措施，层层压实责任，狠抓落实。2019 年，完成了对 2000 余平方米违建的拆除工作，并实施了绿化工程，将该区域改造为街心花园。在此基础上，2020 年再次对该地块进行高标准环境整治，投入专项资金 5800 万元，将其打造成为集体育运动、休闲健身、家庭体验、绿色生态、文化传承和军事文化于一体的综合性体育公园。为积极响应全民健身号召，公园内规划并修建了多个体育运动场馆，包括篮球场、足球场、羽毛球场、智能健身步道、休闲垂钓区、棋牌运动区、体质监测区、儿童拓展训练区、老年人健身区以及水上自行车道等配套设施。

园内植被丰富，生态环境优美。通过引入智能设备，公园彰显出强烈的科技感与时代气息；同时，采用绿色能源技术，充分体现了环保理念。原冷却池区域被改造成一个人工湖泊，湖中种植了多种水生植物，不仅美化了环境，还有效净化了水质。在环境保护方面，公园屋顶配备了光伏发电系统，采用绿色能源技术，显著降低了碳排放量；同时，园内产生的污水经过收集处理后纳入城市污水处理厂，实现了水资源的循环利用与高效管理。

长沙运动大视界是长沙市体育局推出的旨在推动体育产业高质量发展与消费升级的重点项目。该平台通过线上直播、实体探店、短视频等多元化的传播形式，以年轻人喜闻乐见的方式，打造沉浸式新型体育消费体验场景。作为长沙市体育产业的重要平台和窗口，长沙运动大视界构建起连接供需双方的重要纽带——既为商家拓展了数字化营销渠道，也为消费者解锁了沉浸式运动体验。自2022年6月正式上线以来，平台已覆盖众多优质会员单位，涵盖欧速卡丁车、骑乐马术、三只熊滑雪、龙华山滑翔伞、沙滩摩托车、骑士大本营等多个知名运动品牌。内容范围涉及花式跳绳、飞盘、爬树等多样化的运动项目。平台累计播放量已突破2296万次，获得点赞量达22.6万，收获粉丝超10万人。在助力体育商家方面，长沙运动大视界已帮助20余家体育企业开通抖音本地生活服务，并推出团购套餐等线上销售转化项目。同时，平台还为40余家体育商家举办专题直播活动，累计曝光量突破1000万次，成交额预计突破500万元。通过创新推广载体并充分利用短视频线上流量优势，长沙运动大视界不仅推动了体育消费的增长，更为长沙市体育产业的长期高质量发展奠定了坚实基础。

位于南昌市的雷公坳文化体育产业园是全国首个高速公路服务区转型升级为文化体育产业园区的成功典范。该项目既是江西省首批低效用地再开发利用试点项目，也是该省第一个以文化体育为主题的城市更新项目。随着南昌城市化进程的推进，枫生高速被纳入城市快速路规划体系，收费站的北移导致雷公坳服务区原有功能丧失，一度陷入闲置荒废的状态。2019年4月8日，根据江西省人民政府发布的《关于"节地增效"行动的指导意见》，为优化经济开发区以工业为主的产业结构、推动产业升级和城市功能完善，相关部门决定对雷公坳服务区进行改造升级。2019年11月，雷公坳文体产业园东区正式投入使用。启用后，园区迅速成为周边市民休闲娱乐的新地标，各类运动场馆预订火爆，周末更是一馆难求、场场爆满。这一项目的成功运营不仅为当地提供了超过2000个就业岗位，还实现了从"沉睡资产"到"活力热土"的完美蝶变，为城市更新和产业转型提供了有益经验。

雷公坳文化体育产业园是全国首个高速公路服务区转型升级为文化体育产业园区的成功案例，具有重要的示范意义。该园区整合了马术、游泳、卡丁车、滑步车、乒乓球、足球、篮球、网球、羽毛球、棒球、垒球、舞蹈和健身等20余个运动项目，并计划拓展铁人三项、攀岩等新兴运动领域，展示了其在体育产业多元化发展方面的潜力。

五、成渝城市群体育消费新场景案例

成渝城市群位于全国"两横三纵"城市化战略格局的交汇地带，处于沿长江通道横轴和包昆通道纵轴的交叉区域，具有显著的战略地位和发展潜力。该城市群的土地总面积为18.5万平方公里，占全国土地面积的1.9%。2021年，成渝城市群的经济总量达到7.6万亿元，占全国经济总量的6.6%。重庆和成都作为中国西部地区的国家级特大中心城市，在"一带一路"倡议和长江经济带的发展中占据重要地位。它们不仅是西部陆海新通道的起点，也是推动西部大开发和对外开放的关键支点。凭借其独特的地理位置，成都在连接西南与西北地区、沟通东亚、东南亚及南亚方面具有不可替代的优势。

在"十三五"期间，成都的体育产业实现了快速增长，年均复合增长率达到了15.47％，并于2021年突破了925亿元的总规模，成为该市又一个千亿级产业集群。面对新的发展形势和要求，制定一份适应实际需求、具有战略性、前瞻性和可操作性的规划文件显得尤为紧迫和必要。2022年11月14日，成都市政府第184次常务会议审议通过了《成都市"十四五"体育产业建圈强链发展规划和二○三五年远景目标展望》。该规划明确了未来的发展方向，包括促进体育消费的提质升级、打造文旅体融合的新消费场景以及丰富体育消费供给等内容，旨在加快建设成为国家体育消费示范城市。成都一直致力于推动体育产业的发展，通过新技术、新模式和新业态的应用，不断提升体育消费场景的质量和服务水平，激发城市的体育消费活力。为了进一步推进赛事名城的建设，并充分发挥体育市场主体的作用，成都于2020年8月成功入选首批国家体育消费试点城市。这一成就提升了其体育消费市场的活跃度和导向作用，使体育产业成为推动该市经济增长的重要引擎。近年来，成都提出"场景营城"的理念，将发展经济和培育新动能作为核心任务。随着世界赛事名城建设的加快推进，成都为体育产业的发展提供了优越的创新环境，各类体育消费新场景迅速崛起，并展现出蓬勃发展的态势。

在"十三五"期间，重庆的体育产业规模持续扩大，从2015年的262.78亿元增长到2020年的541.33亿元。与此同时，该市的体育市场主体也在不断壮大，现有体育企业数量达到3万家，从业人数超过14.3万人。此外，重庆在产业平台建设方面也取得了显著成效，拥有2个国家体育产业基地和11个市级体育产业基地。进入"十四五"时期，重庆的体育发展迎来了重要的战略机遇期。随着健康中国、体育强国以及全民健身计划的深入实施，国家对体育领域的支持力度将进一步加大。在此背景下，新的发展格局和业态形式将推动重庆体育产业实现更高质量的发展。

"十四五"期间，重庆市致力于建立新的体育消费场景和模式。这包括将传统运动空间升级为时尚消费空间，扩展"互联网+体育"消费领域，推动"体育夜经济"的发展，以及打造世界知名的体育商圈。具体措施包括创建在线体育服务对接、即时分享运动体验和社交互联互通等云上新体验，并创新体育消费引导机制。在设施建设方面，龙兴足球场、奥体中心、大田湾体育场、洋河体育场、动步公园和礼嘉智慧公园等重要体育功能设施将进一步完善。这些项目的推进将带动体育消费提档升级，形成独具特色的体育消费经济风景线，成为推动全市高质量发展的重要引擎。为了实现上述目标，需要丰富体育消费内容，拓展体育消费空间，并培育体育新业态新模式。这要求我们塑造多样化的体育消费新场景，以适应不断变化的市场需求和消费者偏好。通过这些措施，重庆市体育消费市场潜力将进一步释放，发展前景将更加光明。

融合发展已成为新消费主题，其核心价值在于将体育产业与现代服务业有机结合，通过融合和体验创造消费新场景。需要打造沉浸式、互动式、体验式的体育消费场景，并加速向社交体验、家庭消费、时尚消费、文化消费中心等方向转型。以重庆为例，在两江四岸核心区重点发展"体育夜经济"，需整合各类资源，推动"体育夜经济"的资源合理配置和体育产业的有效集聚，打造"体育夜经济"产业"金三角"。同时，应搭建体育消费新场景并创新消费模式：推进传统运动空间向时尚消费空间升级；鼓励体育服务业态进驻城市商业中心、教育养老设施、文化场馆，打造观赛、健身、消费、社交体验新场景；推动体育装备门店向沉浸式体验中心、创新科技展馆、品牌文化中心等新零售概念发展。此外，需引导保险公司开发各类体育消费场地场景责任险和运动人身意外伤害险等保险产品，创新体育消费支付工具，探索推行全民健身公共积分和"运动银行"等便利化工具。进一步加大体育场地设施在夜市街区的布局，增加夜间各类体育服务供给，点亮"体育夜经济"。最终目标是打造世界知名体育商圈，塑造安全友好的消费环境，促进境外高端体育消费回流，助力国内国际双循环格局的形成。

2019年5月22日，全国首个WePark玩湃社区智慧足球公园在成都市青羊区少城街道通惠门路正式开业。该项目是中芬荷智慧体育创新合作成果的典范，标志着"一带一路"框架下国际体育产业合作的新突破。作为聚焦足球运动革新的重要实践，项目定位于中国社区足球的战略生态建设，从场景、体验、运营到赛事等方面进行了全方位创新，构建了以智慧体育为核心技术的社区小微场景文体活力新生态。公园占地面积953.63平方米，由"智能足球教室""快乐足球练习场""社区康体空间"和"运动文创沙龙"四大功能区组成。项目旨在全面满足社区居民的运动需求，倡导积极健康的生活方式，并计划每年为2万人次提供足球体验服务。此前，该地块是一块利用率较低的街旁绿地。通过盘活闲置资源，宽巷子社区将位于通惠门路37号的空置绿地改造为WePark玩湃社区智慧足球公园，进一步提升了街旁空间的利用效率。尽管整个足球公园面积不足一个标准足球场的七分之一，但自投入使用以来，已吸引16万人次前来体验。

成都市锦江区桦彩路曾经有一片老旧的厂房——四川新华彩色印务有限公司。经过改造后，这片区域焕然一新：五彩斑斓的涂鸦"飞"上厂房的外立面，足球、篮球、羽毛球、乒乓球、搏击、攀岩、冰球等体育项目的场馆应有尽有，这里就是文轩体育文化中心，是全省最大的体育文化综合体。文轩体育文化中心不仅拥有亚洲唯一带水下视窗的游泳馆和西南地区第一个室内冲浪馆，还有符合NBA标准的高端篮球场以及满足国际国内各种比赛需要的标准羽毛球馆。此外，攀岩、平衡车、搏击、轮滑、冰球等体育项目也一应俱全，能够充分满足不同年龄阶段市民的运动需求。文轩体育文化中心是一个集运动健身、休闲娱乐、大型培训、拓展和团建活动为一体的体育综合体。除作为成都除政府投资建设的专业比赛场馆外，它还是由企业打造的规模最大、项目最多、特色鲜明的体育综合体，秉承体育、文化、旅游和商业各业态融合发展的理念，致力于为市民提供优质的健身、休闲和娱乐服务。经过几年的建设，文轩体育文化中心已建成多个国内领先、成都一流的体育场地场馆。除了发展体育产业，该中心还专注于文体旅商多业态融合发展，打造品质消费新场景。通过搭建书吧、餐厅、茶吧、桌游吧以及体育服装用品消费场景等配套设施，实现了从制造业到服务业的提档升级，并构建起包括体育锻炼、健身培训、赛事服务、服装装备、餐饮娱乐和旅游文化在内的绿色发展综合产业生态链。文轩体育文化中心已成功转型为锦江区乃至成都市老旧工厂转型升级和体育产业牵引发展的鲜活典范。中心运营状况良好，在到馆人流量、活动组织筹备能力、管理和服务水平等方面均有显著提升，呈现出经济效益与社会效益双丰收的良好态势。

2022年3月起，成都举办了一届规模最大、历时最长的综合性全民健身运动会，持续时间达9个月之久。本届运动会共设置了97个项目，线下和线上各类赛事活动累计举办了2000余场。参与人群覆盖全龄段，充分体现了"全龄友好"的办赛理念。据统计，本届运动会吸引了超600万人次参赛，赛事活动遍布成都各区（市）县。值得一提的是，重庆、德阳、眉山等地的运动队伍也积极参与，进一步彰显了成都体育在成渝双城经济圈和成都都市圈建设中的引领作用。此次综合性全民健身运动会不仅项目丰富多样，还实现了零门槛且不收取报名费的目标，真正做到了全民参与和共享。活动的成功举办推动了"体育+文旅"的深度融合，丰富了城市旅游资源，增强了城市吸引力，成为城市旅游业发展的重要推动力。[①] 同时，该运动会还形成了新的体育消费场景，为城市经济发展注入了新活力。

体育场地设施作为体育健身活动的基本物质条件，是满足居民体育消费的重要物质基础[②]。重庆南天湖国际滑雪场是西南地区最大的高山滑雪场之一，占地面积600余亩，总投资达3.3亿元。该项目由嵩悦集团打造，旨在建设南方最大的冰雪产业基地，并致力于打造一个具有深度体验感的滑雪旅游目的地，从而实现"文化+体育+旅游"的有机融合。南天湖滑雪场选址于海拔1800余米的国家级旅游度假区——丰都南天湖风景区。其设计特邀2022年北京冬奥会设计团

---

① 孙文树. 体育强国：城市体育高质量发展的理论与实践——"落实十九届五中全会体育强国精神建言献策双向交流会"学术综述 [J]. 体育与科学，2021，42（1）：6-11.

② 胡艳. 四川省城乡居民体育消费行为差异及影响因素分析 [J]. 成都体育学院学报，2014，40（9）：39-43.

队加拿大 Ecosign 公司担纲完成，充分体现了专业性和国际水准。滑雪场共设有8条雪道，其中包括3条符合赛事标准的高山缆车滑道，具备举办专业比赛和培训的能力。为提升教学水平，滑雪场设立了嵩悦滑雪学校，并引入法国国立滑雪学校（ESF）国际化教学课程及新西兰滑雪培训体系。目前，滑雪场拥有30余名国家认证的专职滑雪教练，这些教练不仅在省级、市级多种滑雪比赛中担任裁判员或指导教练，还致力于为客人提供更权威的滑雪指导，使其充分感受滑雪的乐趣。除了专业雪道，南天湖滑雪场还特别设置了8万平方米的戏雪乐园，涵盖了亲子乐园、刺激体验区和浪漫打卡区等丰富内容。亲子乐园内设有雪地旋转木马、雪地战车、雪地转转、雪橇、雪陀螺、悠波球以及 DIY 乐园等多种项目，充分满足儿童阶层的体育消费需求。针对年轻消费群体，滑雪场还配备了多项特色体验项目，包括西南地区独有的高山超级雪圈（最长、最陡）、ATV 雪地越野和雪地摩托等。此外，南天湖滑雪场还是重庆首个专业户外滑雪场，拥有西南地区唯一的户外单板公园、户外夜滑场地以及野雪道场地，并配备高级滑道和缆车设施。为实现四季运营创收，滑雪场还开发了旱雪场、彩虹滑道、山地越野、自行车速降等夏季项目，同时建设了风车星空露营区，进一步丰富游客的体验选择。通过多元化的产品布局，重庆南天湖国际滑雪场不仅满足了不同季节消费者的需求，也为当地体育旅游产业的发展注入了新的活力。

"学校体育教育在培养终身体育锻炼习惯方面发挥着决定性的作用"[1]。青少年体质健康教育的推广普及至关重要，是提升全民健康素养的重要环节。重庆市教委中小学社会实践基地积极响应号召，面向广大中小学生及培训机构的青少年群体，精心策划并开展了形式多样的研学活动，涵盖滑雪主题、团队拓展主题以及科普主题等多个领域，充分满足了青少年多样化的学习与体验需求。重庆南天湖国际滑雪场作为优质配套资源，拥有五星级标准酒店1家（南天湖国际大酒店）和精品酒店1家（蓝珀酒店），均为自营，配备网球场、健身房等完善设施。此外，滑雪场还建有6000平方米的游客接待大厅、集装备区、餐厅、室内儿童游乐园、轰趴馆（棋牌室、KTV、咖啡厅、桌球、乒乓球、电玩）、宴会厅及雪场套房等功能于一体，为游客提供全方位的服务保障。重庆南天湖国际滑雪场不仅致力于为消费者提供优质运动场地，更通过精心设计的产品和服务，成功将消费者的体验从简单的"游玩"升级为深度的"体验与学习"，实现了从"普通游客"到"具有高度粘性的忠实用户"的重要转变。

---

① 胡艳. 四川省城乡居民体育消费行为差异及影响因素分析［J］. 成都体育学院学报，2014，40（9）：39-43.

六、国外体育消费新场景案例

随着信息时代的到来和经济全球化的深入发展，体育产业化与市场化已成为体育界和经济学界的共同研究热点。当前，体育消费、体育市场的观念已经深入人心。相较于我国，国外的体育经济发展更为成熟，在体育消费市场和体育产业规模上均表现出显著优势。首先，发达国家拥有成熟的体育消费市场。欧美国家深厚的体育文化底蕴使得"花钱买健康"的理念深入人心，民众对体育消费需求旺盛，体育消费已占其日常消费的重要比重。统计数据显示，早在20世纪90年代，国外体育消费水平便已达到较高水准：1994年德国私人体育消费总额高达1300亿马克；1995年，各类企业通过体育渠道进行产品宣传的投入已达75.22亿美元；到1998年，美国人用于观看体育比赛、购买器材和服装等体育消费支出已攀升至710亿美元。这些数据远超同时期我国体育消费水平，而进入21世纪后，国外体育消费比重在国民总消费中的占比更是持续提升。其次，在产业发展方面，国外体育经济展现出强大的规模效应和发展活力。以澳大利亚为例，其体育产业产值从1995—1996年的79亿澳元（占GDP的0.6%），增长至1998年的80亿澳元（占比1%），到21世纪初已达到国民生产总值近3%的规模。这充分展现了国外体育产业快速发展的强劲势头和对国民经济的重要贡献。最后，国外体育经济还呈现出完全市场化的显著特征。其特点在于：一是具有清晰的产权归属和强大的融资能力；二是形成了完善的市场主体和科学的管理体系；三是注重国际化发展。从体育赛事组织到运动员培养，再到相关衍生活动，国外体育经济已建立起一套完整的运作机制，并成功实现了体育运动与经济效益的完美结合。这些经验对我国体育经济发展具有重要借鉴意义。尽管我国体育经济起步相对较晚，但随着经济持续稳步增长和改革不断深化，我国体育经济必将迎来质的飞跃。

日本大阪森之宫Q's Mall是全球首个专为跑步设计的购物中心，位于大阪繁华区，周边有城星学园、玉造小学等多所学校，附近还有大坂城公园、城南公园和森之宫皮洛提博物馆等多个热门景点。商场最大的特色是为消费者提供了三条空中跑道，全长300米的大跑道环绕商场顶部，成为醒目的屋顶地标，并且免费对公众开放。即使不购物的市民也可以来此享受"空中慢跑"的乐趣。这些运动设施体现了"身心健康，更好地生活"的设计理念。项目占地面积约2.29万平方米，共三层。一楼以零售为主，主要店铺是The Super Sports XEBIO综合体育用品店，同时配套有咖啡餐饮、旅行社等服务设施。该商场的业态分布中，零售占比52%，以运动用品销售为主；餐饮占比19%，提供科学营养搭配的美食，并设有医院、培训机构等生活配套设施。

新西兰皇后镇是一个仅有两万人口的小镇，每年却能吸引超过 200 万游客前来观光。这座依山傍水的小镇一年四季景色各异，是新西兰最著名的旅游目的地之一，享有"新西兰户外活动天堂"和"探险之都"的美誉。作为皇后镇旅游发展的重要组成部分，户外运动形成了独特的体育旅游共生体系。通过开发多样化的冬季活动，举办以冬之祭为代表的嘉年华，皇后镇不仅吸引了全球游客，更提升了其国际知名度。这些节庆的成功离不开对体育活动的创新开发，同时也推动了当地旅游业的持续发展。皇后镇是蹦极运动的发源地，其中卡瓦劳大桥是最著名的蹦极跳点。游客可以自由选择单人或双人跳，并根据个人喜好决定入水深度。此外，滑翔伞项目同样不容错过：从 4572 米高空俯瞰皇后镇迷人的湖光山色，体验垂直降落的刺激感。皇后镇还拥有多种高空弹跳项目和激流泛舟活动。游客可乘小船顺湍急的河流而下，在欣赏独特峡谷地形和原始丛林的同时，感受激流、湍流和急弯带来的肾上腺素飙升体验。作为喷射快艇运动的发源地，皇后镇将这一刺激项目发扬光大。每年有超过 7.5 万名游客乘坐快艇，在高山峡谷间疾驰穿行，享受极限速度带来的激情。除了上述活动外，皇后镇还开发了许多特色户外体验项目。这座小镇在不破坏自然环境的前提下，成功地将静态的自然风光转变为充满活力的户外运动产品，使得这里的体育旅游长盛不衰。

第三节　城市体育消费新场景特征

在时代发展和社会进步的推动下，从当前的消费群体和趋势来看，为体育产业注入新活力的关键力量正是 Z 世代，也就是"95 后""00 后"的年轻人群体。他们从小接触手机、平板和手游，被称为数字原住民。如果说体育产业是一个充满挑战且复杂的市场，那么 Z 世代无疑是为这个市场不断注入流量资源与资金投入的核心力量。同时，他们独特的消费习惯和偏好正在深刻影响着体育营销的策略和消费趋势。这一趋势在各大市场调研机构和电商平台的数据中得到了印证，显示 Z 世代已经成为体育类产品最大的购买群体。

Z 世代的消费价值观及消费行为特征相较于其他年龄层展现出显著差异。其消费价值观强调"我的消费我做主"，即消费为愉悦自己、消费为创造人设、消费为构建社交。在消费行为上，Z 世代体现出具有鲜明个性的特点，主要体现在以下几个方面：首先，在消费体验方面，Z 世代注重物品的情感代入感和使用体验，追求能够带来即时情感满足的商品和服务。他们倾向于选择"有感觉"的物品、"情感代入感强"的环境以及"一见倾心"的服务，看重消费过程中的情感慰藉与精神滋养。其次，在美学品位上，Z 世代注重商品或服务的场景设计感和个人审美表达，追求个性化和高颜值。他们秉持"以颜值为导向"的消费理念，对产品的视觉呈现有着较高要求。再次，在价值认同方面，Z世代非常在意文化内涵和社会符号对品牌的加持作用。他们热衷于网红消费和圈层文化的社交属性，同时也注重消费行为背后的价值选择（如轻奢、环保、简约、爱国等）。最后，Z世代具有强烈的分享倾向，喜欢通过传播与展示来强化个人表达，乐于主动分享自己的消费体验并积极推荐给他人。这一群体的消费行为往往伴随着高频次的内容生产与社交互动。这种独特的消费特征在电商平台和社交媒体上表现得尤为显著，反映出Z世代正在重新定义当代消费文化的内涵与边界。

体育消费场景在体育消费中的价值体现主要集中在空间（物理属性）、环境（空间属性）与场景（人文属性）三个方面。具体而言，空间涉及物理层面的设计要素，包括大小、高低、色彩、形状和材料等；环境关注场域氛围的营造，包含温度、湿度、采光、通风和气味等因素；而场景则聚焦于人的活动与体验，涵盖以人为主体的功能设计、动线规划、服务提供以及社交行为的组织。在传统消费性运动场景中，存在着空间设计简陋、功能单一化明显、商业转化能力不足及流量稳定性较差等问题。构建符合新时代消费者体育消费需求的新场景，需要充分考虑体育娱乐化、体育仪式化、体育社交化、体育生活化与体育数字化等背景趋势。打造体育消费新场景的核心在于将品牌、环境、流量、科技、交互、文化、客群、衍生、配套与传播等关键要素围绕消费者需求进行有机整合。这种新型场景通过叠加文化艺术空间、社交娱乐（游戏）空间、自媒体制作传播空间以及体验式商业空间功能，实现了运动空间的多功能延展，构建起体育消费新场景的完整内涵。

城市体育消费新场景具有以下特征：

（一）体验性强

城市体育消费新场景通过创新设计、多元化的活动形式、个性化的体验等手段，满足不同人群的需求，吸引更多人参与和体验。同时，城市体育消费新场景注重绿色环保，提供环保的运动场地、健身器材等，倡导低碳、健康的生活方式，消费者在消费的同时，获得愉悦、兴奋和满足等体验感受。

（二）互动性强

城市体育消费新场景强调互动性，提供社交、竞技、合作等多种互动方式，社交化和数字化的体育消费也越来越受欢迎，增强了消费者的参与感和归属感。同时，体育活动不再是单向的观赏，而是变得更加具有互动性和参与性，不同的体育活动不仅能够满足个体消费者的需求，同时也能够将社会群体联系起来，促进社会和谐。

（三）创新性强

城市体育消费新场景寻求创新，提升消费者的消费体验和参与度。活动形式、体育场馆、服务内容等方面都有着创新的元素，使消费者获得全新的体验和感受。城市体育消费新场景借助数字化技术，提供线上线下一体化的服务，包括预约、支付、评价等环节，提高消费者的便捷性和体验感。

（四）时尚性强

城市体育消费新场景在活动策划、宣传促销等方面通常会借鉴时尚元素，提高服务品质和消费者参与度。城市体育消费新场景注重个性化服务，提供个性化的健身计划、运动装备、饮食营养等方面的建议，满足消费者的个性化需求。

第四章　城市体育消费新场景生成机理剖析

城市体育消费新场景有着大小、高低、色彩、形状、材料等物理属性，相对于功能单一、流量不稳定、商业变现能力差的传统体育消费空间，城市体育消费新场景的生成有着环境（自然属性，包括温度、湿度、采光等）、场景（人文属性，以人为本的功能、服务、社交行为等）和内涵（社交属性，社交游戏空间、自媒制作传播、场景体验式商业空间等叠加融入运动空间）的交叉构型。

第一节　城市体育消费新空间生产

西方城市社会学者对消费影响城市空间的问题极为关注，其中最经典的是新马克思主义学派的城市理论。亨利·列斐伏尔（Henri Lefebvre）在 1970 年代提出"空间生产理论"[1]，对城市空间和资本主义生产、消费的关系进行了全面剖析，指出"当代城市空间已作为整体进入现代资本主义的生产模式——被利用来生产剩余价值"。列斐伏尔还批判了城市空间作为媒介，将消费主义关系投射到日常生活中所带来的空间同质化和碎片化现象。大卫·哈维（David Harvey）在"资本城市化理论"[2] 中揭示了资本主义为解决"过度积累"问题而转向城市建成环境投入的机制。他指出，这一过程使城市空间被纳入资本主义生产体系，并以巴尔的摩内港（Inner Harbor, Baltimore）为例，分析了如何通过消费文化逻辑营造消费空间，将其转变为一个"表演和狂欢"的场所。1980 年代后，美国学者莎伦·佐金（Sharon Zukin）从城市文化的视角解析消费对城市空间的影响。她在《城市文化》一书中指出，"文化消费"与"象征经济"已成为城市发展的主要动

---

① 庄友刚. 空间生产的历史唯物主义阐释 [M]. 苏州：苏州大学出版社，2017.
② 蔡运龙，Bill Wyckoff. 地理学思想经典解读 [M]. 北京：商务印书馆，2011.

力，并自主地创造、改变着城市空间。具体而言，文化作为经济基础带来了文化设施的消费转型；同时，文化作为一种组织空间的手段与消费结合，使"形象"的出售成为城市建设的重点。迪士尼乐园作为"现代文化景观的原型"，正日益体现在视觉化的城市空间中。此外，迈克·费瑟斯通（Mike Featherstone）、詹明信（Fredric Jameson）和艾伦·布里曼（Alan Bryman）等社会学者也在各自的研究领域对后现代城市、迪士尼乐园、世界博览会、麦当劳以及购物中心等与消费紧密关联的城市空间展开了深入分析。

2021年10月，国家体育总局发布的《"十四五"体育发展规划》中首次提出了"体育新空间"的概念，明确指出："推动建设体育新空间，创造体育消费新场景，打造一批地域特色鲜明、服务功能完善、经济效益良好的体育服务综合体。"相较于传统的体育场馆和场地设施等传统体育空间，城市体育新空间具有多样化的特点，包括体育公园、体育服务综合体、运动健康促进中心以及户外运动基地等多种类型。传统的城市体育空间主要以满足人们的健身需求为目标，而城市体育新空间则更加注重体育运动场景的构建和体育消费的引领。因此，在拉动城市体育消费、促进城市体育产业发展方面，城市体育新空间扮演着重要角色，是城市体育发展的重要载体，其发展已成为城市体育产业不可或缺的一部分。它不仅在体育消费物理空间的基础上融入了文化和美学要素，更成为一个承载文化价值、突出文化品质并彰显文化特色的社会空间。城市体育新空间是被社会实践所"生产"出来的产物。

一、城市体育消费景观的演变：新空间的崛起与发展

当我们审视城市体育消费景观的演变时，可以看到这一领域正经历着多层次的深刻变革。随着时间推移，城市体育消费景观的演变不仅映射了社会文化的演变趋势，也满足了人们对体育服务日益增长的需求与期待。新空间的崛起及其持续演化成为推动这一变革的核心驱动力，重塑了现代城市的体育娱乐场所。

（一）城市体育消费景观的历史演变

城市体育消费景观的演变是一个多维度的过程，在时间推移中，它在城市环境中承担了多样化的功能。从早期的体育场馆和球场发展到如今的综合性娱乐体验中心，城市的体育消费场所经历了显著的变化。这一演变不仅体现了城市社会与文化的发展趋势，更反映了人们对体育服务需求的不断升级。城市体育消费场所已不再是单一的比赛场地，而是演变为集体育、娱乐、餐饮与购物于一体的综合性空间，吸引了涵盖不同年龄层和兴趣领域的消费者群体。

（二）新兴空间吸引不同类型的消费者

新兴城市体育消费空间的多功能性是吸引不同消费者群体的关键因素。现代体育场馆不再仅仅作为比赛场地，而是已经成为家庭、朋友和社交团体聚集的重要场所。体育场馆内设有专门的家庭区域、儿童游乐设施以及为老年观众提供的便利服务，充分体现了其包容性和人性化设计。与之配套的主题酒店和购物中心也提升了吸引力，成为那些寻求更多娱乐和购物体验人群的理想选择。这种多元化的功能布局使城市体育消费场所能够满足全年龄段的需求，不仅扩大了目标群体，也显著提高了空间的利用率和经济效益。

（三）新空间的设计、市场策略和可持续性对城市发展的影响

城市体育消费新空间的设计理念、市场策略以及可持续性发展，对城市的整体发展产生了重要影响。在设计方面，现代体育场馆更加注重观众的舒适体验，通过提供充足的座位数量、宽敞的休息区域和多样化的餐饮选择，有效提升了观众的整体体验。而在市场运营层面，一系列创新策略如优惠活动、季票计划以及特色主题活动被广泛应用，这些举措不仅显著提高了观众参与度，还成功培养了粉丝群体的忠诚度。与此同时，可持续性已成为现代城市体育消费景观中不可或缺的重要考量因素。通过采用绿色建筑设计、实施节能措施和推广环保实践，场馆在降低能源消耗和减少环境影响方面取得了显著成效。这种可持续发展策略不仅增强了场馆自身的运营能力，也为城市注入了更多活力，使其更具吸引力和发展潜力。

总而言之，城市体育消费景观的演变是一个多层面的过程，涉及历史、文化、社会需求与市场策略的交互作用。新型体育场所的崛起与发展，不仅重新定义了城市中的体育娱乐形态，还深刻塑造了现代城市的空间结构与功能定位。这种转变不仅吸引了多元化的观众群体，推动了城市经济和社会的可持续发展，更为城市规划与管理带来了新的机遇与挑战。从本质上看，城市体育已远超传统比赛的范畴，它逐渐演变为城市文化的重要载体，为不同年龄层、兴趣群体提供了丰富多彩的社交和娱乐空间。这种转变使得城市体育成为连接都市生活与公共文化的重要纽带，对于城市规划者、体育产业从业者乃至社会观察者而言，都具有深远的意义。

二、数字化技术与城市体育消费：虚拟现实、社交媒体和在线体验

在数字化技术快速发展的时代背景下，城市体育消费体验正在经历深刻变

革。数字化技术不仅重塑了城市体育消费的模式与内涵，还通过对"粉丝"互动、数据追踪以及用户体验的革新性变化，为城市体育产业未来的可持续发展和经济价值提升提供了重要支撑。

（一）数字化技术的重新定义

数字化技术的发展已经彻底改变了城市体育消费的方式。虚拟现实技术（VR）为观众提供了一种前所未有的沉浸式观赛体验。通过佩戴 VR 眼镜或头戴设备，观众仿佛身临比赛场地，真切感受比赛的紧张氛围。以 NBA 的"NextVR"合作项目为例，利用 VR 技术成功为球迷带来了极具代入感的观赛体验。社交媒体平台已成为球迷互动和内容分享的重要渠道。球迷不仅可以实时发布个人观点、照片和视频，还能与其他球迷展开交流，并直接与球队进行互动。例如，英超球队在 Twitter 和 Instagram 账户上定期推送有趣内容，以吸引球迷关注并激发互动。在线购票过程得到了显著优化，为观众提供了更便捷的购票体验。通过移动应用或官方网站，观众可以快速浏览可选座位和价格信息，并轻松完成购票流程。以 Ticketmaster 的移动应用为例，其用户友好的界面设计让观众能够享受到高效、便捷的在线购票服务。

（二）"粉丝"互动和数据追踪

数字化技术已经深刻地重塑了"粉丝"互动的方式。社交媒体平台使球迷能够直接与球队和运动员互动，分享他们的观赛体验、情感和见解等。这不仅增强了球迷之间的联系，还为球队和赛事带来了更多的社交媒体曝光，从而提升了它们的知名度。例如，巴塞罗那足球俱乐部的 Facebook 页面拥有数百万粉丝，通过与球迷的实时互动建立更深入的联系。此外，数字化技术也大大提高了数据追踪的精准性和实时性。球队和场馆可以收集大量关于观众的数据，包括他们的喜好、行为特征以及位置信息，从而更好地满足他们的需求并提升用户体验。例如，美国职棒大联盟（MLB）的一些球队通过数据分析技术，能够动态调整票务定价策略并优化场馆座位布局，从而显著提升了现场观众的整体体验。

（三）数字技术对未来的影响

数字技术将为城市体育产业的未来发展及经济效益提供强劲动力。虚拟现实技术能够显著提升观众体验，通过提供更多互动和个性化选择，让球迷更深入地参与比赛氛围。以 NFL 的虚拟现实直播转播项目为例，为球迷带来了全新的观赛方式。此外，数据分析与预测技术帮助球队及场馆优化资源配置，提高运营效益，如橄榄球场馆利用实时数据分析提升座位体验。同时，通过在线购票系统和精准数字广告等方式，不仅提高了营销效率，也为行业带来了可观的经济收益。

数字化技术将继续推动城市体育产业创新，增强其可持续性，为城市创造更多机会及经济效益。

三、可持续性与城市体育场馆：绿色倡议与环保措施

城市体育场馆不仅是竞技体育的重要场所，还扮演着城市可持续发展与环境保护的关键性角色。如何在城市体育场馆中采用可持续性和环保措施以减少资源消耗和碳排放，以及探讨绿色建筑、再循环技术和可再生能源在此类场馆中的具体应用，都是当前亟需解决的问题。同时，还需要着重研究这些可持续发展举措对城市体育场馆的运营效率、经济效益以及社会形象等方面的深远影响，这些都值得我们深入探讨和详细分析。

（一）可持续性和环保措施的采用

城市体育场馆越来越重视在减少碳排放和资源消耗方面所承担的责任，并积极采取措施应对环境挑战。为此，许多场馆都实施了一系列可持续发展和环境保护举措，旨在降低其环境影响。这些举措主要包括优化能源效率、加强水资源管理、推进垃圾减量与资源化利用等。此外，城市体育场馆还通过改善交通流量管理来减少交通相关的碳排放。例如，迈阿密的硬石体育场（Hard Rock Stadium）成功实施了一系列节能环保举措，包括引入 LED 照明系统和安装太阳能板等设施，以显著降低其碳排放水平。

（二）绿色建筑、再循环和可再生能源的应用

在城市体育场馆的设计和建设过程中，绿色建筑理念发挥着重要作用，其主要体现有使用环保材料、优化能源消耗、改善室内空气质量以及完善废物管理体系等方面。同时，通过实施垃圾回收利用与废物管理计划，也能有效降低资源浪费和环境压力。此外，不少城市体育场馆正在积极投入可再生能源的研发与应用，如太阳能、风能等清洁能源形式，以期减少对传统化石能源的依赖。例如，美国芝加哥的军人球场（Soldier Field）成功采用了结合风能和太阳能系统的可持续能源方案，大幅降低了其碳排放水平。

（三）可持续性举措的影响

可持续性举措对城市体育场馆产生了多方面的影响。首先，它们改善了场馆的运营效率，降低了能源和维护成本，从而提高了经济效益并降低了运营成本。其次，可持续性举措提升了场馆的社会形象，使城市体育场馆成为可持续发展与环保的倡导者，吸引了环保意识强的观众及合作伙伴。最重要的是，这些措施有

助于减少城市碳排放，改善空气质量和环境可持续性。例如，英国伦敦奥林匹克公园通过可持续性举措，不仅提高了场馆经济效益，也树立了城市环保形象。

总而言之，城市体育场馆在采用可持续性和环保措施方面取得了显著成效。这不仅有助于减少资源消耗及碳排放，还提升了运营效益与社会形象。城市体育场馆在可持续发展领域的倡导将推动未来的城市体育场馆建设与管理，为城市和环境带来积极变革。

四、体育文化与城市社会：城市体育消费的社会互动和文化影响

体育文化在城市社会发展中发挥着不可替代的作用。它不仅是娱乐与竞技的载体，更是城市社会互动、凝聚力及多样性的重要体现。通过城市体育赛事、球队及相关活动，体育文化塑造了城市文化特色，对社会融合、归属感与城市形象产生了深远影响。

（一）城市体育赛事、球队和活动融入当地文化

城市体育赛事和球队往往深深植根于当地文化之中，成为城市社会不可或缺的重要组成部分。这些赛事和活动不仅为人们提供了娱乐观赏性，还促进了社会互动并增强了社会凝聚力。球迷们在体育场馆内分享共同的热情与情感，从而建立起深厚的社会纽带。在赛季期间，城市街道处处可见球队标识、球迷欢呼声以及浓厚的体育氛围。城市体育赛事往往成为城市的象征符号，激发起市民的自豪感和归属感。当球迷对某个球队产生认同时，这种认同往往会超越体育竞技本身，在更大程度上影响其城市认同。以西班牙巴塞罗那足球俱乐部为例，该俱乐部不仅是一个运动组织，更是巴塞罗那城市文化与价值观的重要象征。城市体育赛事的社会互动效应不仅仅局限于比赛现场，还延伸至城市的社交和文化生活方方面面。作为催化剂，比赛日往往会激发各种形式的社交活动，例如观赛派对、球迷聚会以及公共观赛活动等。这些活动吸引了不同年龄层、背景各异的人群参与其中，这种多样性极大地增强了社会互动的深度与广度。通过共同观看体育赛事，人们得以分享相似的情感体验和期待，从而建立起跨越不同社会群体之间的联系。

（二）城市体育文化反映城市的多样性和社会特征

城市体育文化不仅是娱乐形式，更是城市多元性与社会特质的体现。例如，美国 NBA 球队在黑历史月庆祝活动中强调多元文化和包容精神，通过举办活动和庆典仪式来彰显不同群体的文化贡献。这种文化实践不仅是一种庆典，更是对城市多样性的认可。城市体育文化还通过节庆活动、传统庆典和艺术表演来反映

社会特征。这些活动汇聚社群，促进文化交流与理解。在体育场馆中，城市多元性得到展现，人们建立共鸣和联系。此外，城市体育文化也为社区提供了表达文化身份的窗口。例如，里约热内卢的卡尼瓦尔庆典结合了体育和文化元素，吸引了游客和观众，既是一项传统节庆活动，也是城市体育文化的生动体现。

（三）城市体育文化对社会融合、认同感和城市形象的影响

城市体育文化对社会融合和认同感产生了积极影响。通过体育赛事和活动，不同社群在一个共同平台上交流互动，促进了文化交流和理解。城市的多元性和社会属性在体育场馆中得到体现，增强了人们的归属感和情感共鸣。当人们支持同一支球队或庆祝同一项体育赛事时，个体差异被搁置，取而代之的是对共同目标的追求和认同。城市体育文化不仅提升城市的国际形象，还吸引了游客和投资。通过举办大型体育赛事，城市提高了国际知名度和吸引力。此外，城市体育文化在塑造城市形象方面也发挥了重要作用。无论是举办国际赛事还是拥有知名球队，城市都能在全球范围内树立独特的品牌形象。例如，巴西里约热内卢通过举办奥林匹克运动会提升了国际认知度，并推动了经济和社会发展。通过体育赛事，城市向世界展示其魅力，吸引了大量国际游客、投资和商业机会。这种广泛的国际关注不仅改善了城市的形象，还增强了其全球竞争力。

总之，城市体育文化不仅是城市社会的文化表达，更是社会互动、凝聚力、多元性与社会属性的重要体现。它推动了社会融合，增强了社会认同感，并深刻影响城市的国际形象和吸引力。作为一种重要的社会活动，城市体育文化不仅为市民提供了娱乐方式，更成为城市社会结构中不可或缺的一部分。它对城市的发展和社会和谐发挥了重要作用，同时也为城市的未来带来了积极的变革。借助体育文化，城市能够打造更具凝聚力的社会，并在国际舞台上展现独特魅力。这充分证明了城市与体育文化之间的紧密联系，以及其对城市社会发展的深远影响。

五、城市体育消费与经济：就业机会、旅游和地方经济

城市体育消费在当今社会和经济生活中扮演着越发重要的角色。城市体育不仅仅是一种娱乐和体育竞技，而是已经演变成经济增长的引擎。

（一）城市体育消费创造的就业机会

城市体育消费为多个领域创造大量就业岗位。首先，体育场馆的建设与运营是重要的经济推动力。一座现代体育场馆从规划到维护需要建筑师、设计师和技术专家等人才参与。这些项目不仅直接创造了就业机会，还吸引了专业人才入住城市。此外，体育场馆周边的基础设施也为当地带来就业机会。酒店、餐饮业、

零售店和娱乐场所通常在赛事期间增加员工数量以满足需求。这包括厨师、服务员、酒店前台人员、安全人员、清洁工和售票员等岗位。城市的文化与娱乐产业也因体育活动的举办而受益，从音乐会到剧院表演为艺术家和文化从业者提供更多机会。同时，城市体育产业创造了管理类岗位，如高级管理人员、市场营销专家、财务分析师和法律顾问等，吸引高素质人才并带来专业知识。此外，城市体育消费还推动了体育医学和运动科学领域的发展，为医生、治疗师和运动科学家提供了更多就业机会。

（二）体育旅游对城市吸引力和本地经济的积极影响

体育旅游不仅是提升城市吸引力的关键因素，也是本地经济的重要增长引擎。城市通过举办体育赛事、锦标赛和大型活动吸引大量游客和观众。这些游客通常会在住宿、餐饮、交通、购物和娱乐等方面产生消费。这不仅推动了相关产业的发展，还为城市带来了额外税收。例如，成功举办的奥运会或大型体育赛会可吸引数百万国内外游客，他们对酒店业、餐饮业、零售业和交通业的需求激增。城市旅游业还会在活动期间增加临时岗位，包括志愿者、安保人员和导游。体育旅游不仅提升了城市吸引力和旅游业发展水平，还成为本地经济增长的关键驱动力。此外，城市的体育产业吸引了大量投资和商业合作机会，赞助商和广告商会带来更多业务机遇。酒店业、餐饮业和零售业通常会扩大规模以满足活动期间的需求。体育旅游还带动了本地制造业，特别是体育用品和纪念品生产，为城市经济注入更多活力。

（三）城市体育产业对地方政府税收和城市发展计划的贡献

城市体育产业在提升地方财政收入和推动城市发展方面发挥着重要作用。首先，体育活动和场馆运营能带来可观税收。这些收入涵盖门票、住宿、餐饮和商品销售等多方面的税费，为政府提供资金支持基础设施建设、公共服务和社会项目。此外，城市体育产业的发展还会产生租金收入和特许经营费，进一步增强地方财政的稳定性。同时，城市体育产业对城市发展计划至关重要。体育产业已成为城市发展战略中的重要一环。通过升级场馆设施、优化交通网络和改善周边环境，城市能吸引更多高端赛事和活动，提升整体竞争力。这些举措不仅推动了城市的吸引力，也为城市发展提供了坚实支撑。此外，城市体育产业有助于塑造国际形象。大型国际赛事如奥运会、世界杯等为城市带来全球关注和媒体报道，助力其在国际舞台上树立良好声誉，吸引游客、企业和投资。为此，城市政府通常会与国际体育组织和赛事主办方紧密合作，确保活动顺利举办，并推动经济的可持续增长。

综合来看，城市体育消费对现代城市经济具有重要价值。它通过创造大量就业岗位、促进体育旅游发展和带动区域经济增长，为本地经济注入强劲动力。同时，城市体育产业也为地方政府提供了稳定税收来源和发展机遇。这些因素使其成为现代城市发展的重要驱动力。未来，随着城市体育产业的持续进步，其对城市繁荣和社会发展的贡献将进一步扩大。

六、城市体育消费与可持续未来：挑战与机遇

城市体育消费作为现代经济社会的重要组成部分，正面临多重挑战，涵盖可持续发展、公平准入和社会责任等关键议题。与此同时，该行业也孕育着三大重要机遇：商业模式的持续创新、全球化布局以及社会广泛参与。

（一）城市体育消费产业所面临的挑战

（1）可持续性挑战。城市体育产业在可持续发展方面面临四大关键挑战：能源消耗、废物管理、碳排放控制以及对生态系统的潜在影响。大型体育活动及其设施往往伴随着高能耗，并产生大量废弃物与温室气体，给城市环境带来显著压力。此外，场馆建设及维护可能涉及土地开发，进而对当地生态系统造成一定影响。

（2）可访问性挑战。提升体育赛事的可访问性需要采取以下措施：优化票务体系、改善交通设施、提供无障碍服务以及确保场馆符合无障碍标准。通过降低票价，尤其是面向年轻人和低收入家庭，可以吸引更多观众。完善交通网络及配套设施则能提高观赛便利性。此外，配备无障碍设施将确保所有人都能平等参与体育活动。

（3）社会责任挑战。城市体育产业应积极履行社会责任，包括开展多元化与包容性教育、支持社区发展及推动公共健康事业。具体举措包括制定反歧视政策以保障所有群体的公平参与机会，并通过资助社区体育项目和健康倡议为公众提供更多资源和支持。

（二）城市体育产业在未来如何应对这些挑战

（1）可持续性应对。为实现可持续发展目标，城市体育产业可以从以下几个方面入手：采用清洁能源、减少废物与碳排放、推动环保建筑设计及加强生态系统保护。具体而言，体育场馆可在建设和运营中应用可再生能源技术，并实施节能措施和废弃物循环利用方案。同时，政府与体育组织应制定环保建筑标准并出台政策以保护当地生态系统。

（2）可访问性应对。增强体育赛事的可访问性需要降低门票价格、改善交通和交通设施、提供无障碍设施，并制定政策以确保体育场馆满足无障碍标准。降

低门票价格可以吸引更多的观众，特别是年轻人和低收入家庭。改善交通和交通设施可以提高观众出行的便利性。无障碍设施可以确保所有人都能参与到体育活动中。

（3）社会责任应对。城市体育产业可以积极承担社会责任，包括开展反歧视和多元文化培训、支持社区项目和推动公共健康倡议。体育组织可以制定反歧视政策，确保所有人都能平等参与体育活动。城市体育产业也可以通过支持社区体育项目和推动公共健康倡议，为社区和公众提供更多的机会和资源。

（三）城市体育产业所面临的机遇

（1）市场创新机遇。城市体育产业可以通过市场创新来应对挑战。这包括数字化技术的应用，如虚拟现实、体育数据分析和在线体验，以提高观众的参与度和互动性。城市体育产业还可以探索新的合作伙伴关系和商业模式，以增加收入来源和提高可持续性。

（2）全球扩张机遇。城市体育产业有机会扩张到全球市场。国际体育赛事和合作伙伴关系可以为城市体育产业带来全球知名度和商机。城市可以吸引国际赛事、球队和游客，从而扩大市场份额和国际影响力。

（3）社会参与机遇。城市体育产业可以通过社会参与来增强可持续性和社会责任。城市可以鼓励居民参与体育活动、支持社区项目和倡导公共健康。社会参与不仅可以改善社区的生活质量，还可以提高城市体育产业的可持续性。通过鼓励居民积极参与体育活动，城市可以减少公共健康问题，如肥胖和心血管疾病。此外，社会参与还有助于增强城市的社会互动和凝聚力，增强居民的社会联系和认同感。

城市体育消费产业在应对挑战的过程中也孕育着显著的发展潜力。通过实施可持续发展策略、推动市场创新、拓展全球市场以及加强社会参与，该产业不仅能够实现可持续增长，还为城市的经济社会发展注入更多活力。

第二节　城市体育消费新场景构想

城市体育消费的新场景正逐步显现多样化趋势，包括体育生活化、娱乐化、仪式化、社交化和数字化等多元特征。以城市体育服务综合体、体育公园、都市运动中心为代表的一批新型体育空间正在孕育出更具创新性的城市体育消费场景。这些新场景呈现出显著的多维度交叉特性：一方面注重消费体验、美学品位与文化价值的融合，另一方面强调传播分享与场景互动。与传统体育消费空间相比，它们不仅关注环境维度（如温度、湿度、采光等物理条件），还更加强调功能维度（以消费者需求为导向的功能设计、服务品质以及社交行为）。此外，这些新场景特别注重社交属性的打造，通过构建社交游戏空间、自媒体传播矩阵以及场景化商业空间等创新形式，赋予运动空间更深层次的内涵。总体而言，城市体育消费的新场景是环境、功能与内涵三者有机融合的产物。它们不仅显著提升了消费者的体育体验，还为体育产业打开了新的商业机遇。

一、多功能与可变化的体育场馆与运动设施

城市体育消费作为备受关注的重点领域，不仅是人们对体育运动热情的体现，更是城市文化与社会发展的缩影。然而，这一领域正经历日新月异的变化，各类新兴场景和创新模式不断涌现。其中一项关键突破在于通过建设兼具多功能性与灵活适配性的体育场馆及运动设施，更好地满足了不同类型的体育活动需求，覆盖多种规模的赛事、培训与休闲场景。

（一）多功能场馆与运动设施的兴起

传统体育场馆和运动设施多为特定类型的比赛或活动设计，例如足球、篮球或田径赛事。然而，在现代城市中，多功能场馆与设施已经开始崭露头角，它们以灵活的设计适应不同类型赛事与活动需求。这种多功能性不仅提升了场馆的运营效率，还能满足多样化的体育需求，涵盖从体育赛事到音乐会等各类活动。这种灵活性使城市能够更高效地利用资源，并吸引更广泛的受众群体。此外，多功能场馆的兴起进一步丰富了体育消费的选择。观众在同一场地即可参与不同类型的活动，拓宽了他们的体育体验范围。这种多样性不仅吸引了更多参与者，包括运动员和活动组织者，也激发了城市对更多类似设施的需求。因此，多功能场馆的成功正在推动体育消费中新型场景的构建。

（二）可变化设施的重要性

除了多功能性，可变化的体育设施也成为城市体育消费的关键因素。这些设施能够根据不同类型的活动与需求灵活调整。例如，足球场地可通过改变尺寸和布局，轻松适应橄榄球比赛或音乐会等活动。这种可变性在现代城市中的重要性日益凸显。城市需要既能举办大型赛事，又能承办社区活动、展览及文化节庆的设施。这种灵活性不仅吸引更多类型活动，还提升了体育消费场景的多样性和活力。

（三）多功能与可变化的体育场馆与运动设施的未来

多功能与可变化的体育场馆和运动设施的崛起代表了城市体育消费未来的发展趋势。这些场馆不仅为城市提供了更多样化的体育活动选择，还增强了城市的吸引力和竞争力，吸引更多游客和体育爱好者。同时，它们也为城市创造了更多商业机会，例如举办各类活动、比赛以及提供娱乐休闲服务。然而，多功能与可变化场馆的建设也面临挑战。首先，建设和运营需要巨大的投资，包括土地、建筑和设备等成本；其次，设施维护和管理也需要专业规划和资金投入；最后，挖掘其潜力还需多方合作，包括政府、体育组织、赞助商和社会团体。以美国印第安纳波利斯的卢卡斯石油体育场为例，该场馆可通过调整座位布局适应不同类型的比赛和活动，并积极参与社区项目如青年培训和慈善活动。澳大利亚墨尔本的马尔文体育场则不仅举办橄榄球、足球和板球比赛，还承办音乐会、文化节庆等活动。多功能与可变化体育场馆已成为城市体育消费新场景的关键要素。它们不仅满足了各类规模的体育活动需求，还吸引了更广泛的受众群体。城市需不断创新以适应不断变化的消费需求，为文化和社会注入活力。

二、打造多元化的场景体验：普惠型、专业型和休闲型场馆的空间设计与配置

城市体育场馆和运动设施承担多种功能，既是竞技场所，也是文化和社会互动的空间。城市体育消费需求从传统的比赛和训练延伸至多元化体验，结合文化、艺术和科技等元素，充分挖掘场地的文化与历史价值，通过空间设计打造适合不同人群需求的普惠型、专业型和休闲型场馆。

（一）普惠型场馆的空间设计与配置

（1）无障碍性设计。普惠型场馆的首要任务是确保所有城市居民都能轻松进入和使用场馆，无论是否具有身体或认知障碍。为此需要采取一系列无障碍性设计措施：①无障碍入口和通道：场馆应设有无障碍入口，通道宽度足够以容纳轮椅和行动不便的人；②无障碍停车设施：提供专门的残疾人停车位，距离入口近，方便使用；③电梯和坡道：场馆内应设置电梯和坡道，便于上下楼层；④无障碍卫生间：配备无障碍卫生间，满足有特殊需求人士的需求；⑤辅助听觉设备：在必要区域提供辅助听觉设备，帮助听力受损者参与活动。例如，翔凤城市体育中心位于城市中心，是一座多功能场馆，旨在为居民提供平等的体育参与机会。该中心采用了无障碍性设计，入口处设置了无障碍坡道，通道宽度适中以容纳轮椅和行动不便的人。此外，中心还提供了靠近入口的残疾人专用停车位，方

便残疾人和老年人使用。

（2）多功能场地。普惠型场馆应通过灵活的场地布局和配置满足多种活动需求：①室内体育：为篮球、羽毛球、网球和排球等运动提供合适的场地和设备；②健身与课程：设有健身房并提供各类健身器材及课程；③团队运动：包含适合足球、橄榄球和曲棍球等团队运动的场地；④社区活动：场馆不仅用于体育活动，还可举办社区聚会、庆典和文化活动。以翔凤城市体育中心为例，其场地布局非常灵活，可适应各种体育和文化活动需求。中心内部设有多个室内场地，包括篮球场、羽毛球场、网球场和排球场，并可根据需要重新布置以满足不同活动要求。例如，每个周末，篮球场会被改造成健身房，提供健身器材和课程，吸引众多健身爱好者。此外，中心还拥有一个专门用于足球和橄榄球的室外场地，可容纳大型比赛，为城市年轻运动员提供了练习和比赛的空间。

（3）亲子友好。普惠型场馆应考虑家庭需求以鼓励家庭参与体育活动，具体可通过以下方式实现：①儿童游乐区：设置儿童友好的游乐区域，方便家长带孩子前来；②家庭更衣室：提供特别设计的家庭更衣室，便于家庭共同使用；③母婴设施：配备喂奶室、尿布台等母婴专用设施。例如，翔凤城市体育中心充分考虑了家庭需求。中心内设有儿童游乐区，供家长在比赛或训练时让孩子游玩。该区域配有秋千、滑梯和攀爬架等多种设施。此外，中心还提供宽敞明亮的家庭更衣室，内设婴儿换尿布台等设施，方便家庭使用。

（4）低门槛价格政策。普惠型场馆的真正普惠性取决于合理的价格政策制定。为确保大多数城市居民具有可承受性，场馆管理应采取以下措施：①价格差异化：设置不同档次的价格以满足不同收入水平的需求；②优惠政策：向学生、老年人、残疾人和低收入家庭提供入场费折扣；③会员计划：推出会员服务，为常客提供更多优惠。例如，翔凤城市体育中心通过合理定价确保普惠性。中心采取差异化价格策略，并为特定群体提供折扣。此外，还推出会员计划，鼓励更多人参与体育活动。

这些设计和配置措施有助于打造真正的普惠型场馆，让城市居民无论个人条件如何都能享有体育和休闲的机会。这种多元化的场景体验有助于提升城市居民的身心健康水平、促进社交互动以及加强文化参与度，从而推动城市的包容性和多元化发展。

（二）专业型场馆的设计与配置

专业型场馆在城市体育消费中具有重要意义，主要吸引专业运动比赛、赛事和表演。这些场馆的设计与配置需充分考虑专业运动员及观众的需求，以保障赛事顺利进行并提供优质的观赏体验。

（1）设备和设施。专业型场馆须配备高质量体育设备与设施以满足专业运动员需求：①比赛场地：场馆内的比赛场地需符合国际标准，包括尺寸、材质及标识等要素。例如，网球场必须具备标准场地尺寸以及草地或硬地表面以适应专业网球赛事。②更衣室和训练设施：须提供宽敞的更衣室与高质量训练设施供运动员准备比赛和训练使用，通常配备淋浴、冷热水浴及康复设备。③观众看台：需容纳大量观众并提供良好视野与舒适座位。观众席通常分不同等级以满足多样化需求。④媒体设施：应设有专门的媒体区，包括工作室、采访区域及新闻发布场地，用以容纳记者、摄影师和广播团队等工作人员。

（2）安全和安保。专业型场馆的安全与安保至关重要：①安保人员：场馆须配备充足且经过培训的安保人员，以保障观众与运动员的安全并应对紧急情况。②安全设备：应安装火警报警系统、标识清晰的紧急出口及急救设施，确保各类突发事件中的人员安全。③酒精和药物管理：为保证比赛公平性与运动员健康，通常会对参赛者进行酒精和药物检测。

（3）可持续性和环保。现代专业型场馆日益重视可持续发展和环境保护：①节能设备：通常安装 LED 照明及太阳能电池板等节能设施以降低能源消耗与碳排放。②废物管理：配备高效的垃圾分类与处理系统，减少对环境的影响。③可再生能源：部分场馆采用风能、太阳能等清洁能源，从而削减能源开支并减少碳足迹。

通过综合考虑这些因素，专业型场馆不仅能提供卓越的比赛和赛事体验，还能有效保障观众与运动员的安全，为城市的可持续发展作出积极贡献。这种全面的设计与配置能够提升城市体育消费水平，为市民和游客带来更多精彩的体育娱乐活动。

（三）休闲型场馆的设计与配置

休闲型场馆在城市体育消费中起着关键作用，致力于为市民和家庭提供放松与娱乐的体育体验。

（1）多功能性场地。多功能性场地能根据不同时间段和季节需求，容纳多样化的体育及娱乐活动，从而提升场馆使用率，充分挖掘其潜力并减少资源浪费。由于城市居民拥有不同的体育和娱乐偏好，多功能场地能满足各类人群的需求，吸引不同兴趣爱好者聚集，促进社交互动与社区建设，进而增强场馆吸引力，使其成为社交热点。此外，集中多种活动于同一场地可节省土地资源，是城市规划和土地利用的可持续方式。实施建议如下：第一，设计场馆时应注重场地灵活性，通过可移动分隔墙等设备实现场地调整以适应不同体育项目需求。第二，配备多样化的运动设施，包括室内与室外场馆、游泳池、健身房及篮球场等，并确保这些设施符合国际和国内标准。第三，制定多样的时间表，容纳各类活动，涵盖不同年龄段的体育课程、锻炼班、比赛及社交活动等。第四，在场馆内设置社交和互动空间，如休息区、休闲设施和餐饮区，以鼓励人们在活动间隙交流互动。

多功能性场地的设计和提供不仅能满足城市居民的多样化需求，提高场馆使用率，还能促进社交互动，为城市的体育和娱乐生活注入活力。这对城市规划和体育产业发展具有积极意义。

（2）家庭友好设计。第一，儿童游乐区。休闲型场馆可设立儿童游乐区，配备适合不同年龄段的安全设施，如滑梯、攀爬架和秋千等，吸引有孩子的家庭在锻炼时让孩子安全玩耍。第二，家庭更衣室。提供宽敞舒适的家庭更衣室，内设婴儿换尿布台、淋浴设施及各种尺寸的衣柜，方便全家共同参与活动。第三，亲子健身课程。开设如家庭瑜伽、母子游泳和父子篮球等课程，鼓励家庭成员一起锻炼，增进亲子关系并建立紧密联系。第四，家庭会员计划。通过经济实惠的家庭会员计划，吸引家庭常来场馆，享受灵活多样的体育娱乐活动。第五，安全与监管。确保儿童设施及活动符合安全标准，并提供专业监管和指导，保障孩子在活动中得到妥善照顾。第六，家庭友好时间。安排专属时间段开展家庭课程和活动（如家庭比赛、锻炼时间），帮助家庭更好地协调参与，加强互动并培养健康生活方式。

家庭友好设计不仅能吸引家庭访客，还能为促进家庭健康和互动创造机会。通过这种设计方法，休闲型场馆可以成为适合全家人共享的社交场所，在增进身体健康的同时加强亲子关系。此外，家庭友好设计对提升场馆的业务表现和市场吸引力具有积极影响。

（3）健康和休闲服务。第一，按摩和康复设施。提供按摩椅、物理治疗室等设施，由专业人员为访客放松身体、减轻压力，并促进康复，特别是在运动损伤后的恢复过程中。这些服务有助于缓解肌肉疼痛、改善灵活性并加速康复。第二，瑜伽和冥想室。场馆应配备安静的室内空间，供访客参加瑜伽和冥想课程，提升身体柔韧性和内心平静。专业教练和导师将在课程中确保参与者的安全并提供正确指导。第三，健康餐厅。餐厅应提供多样化的健康膳食选择，包括新鲜有机食材、低卡路里选项和素食选择，同时满足特殊饮食需求。菜单强调营养均衡，并可提供食物的营养信息，帮助访客做出明智的选择。第四，营养咨询。专业的营养师将为访客提供个性化评估、饮食建议及健康饮食计划制订等服务，帮助他们更好地了解如何选择健康食物并满足营养需求。第五，健康教育。场馆应定期举办健康教育课程和工作坊，涵盖心理健康、健康生活方式和疾病预防等主题，通过讲座、座谈会和互动工作坊等形式增强访客的健康意识。第六，康体设施。场馆可提供温水泳池、桑拿浴室和蒸汽浴室等设施，帮助访客缓解肌肉紧张、改善血液循环和睡眠质量，并促进身体康复。

提供全面的健康和休闲服务不仅使场馆成为集身体健康与体育活动于一体的

综合中心，还能满足城市居民的身体及心理需求。这些服务有助于访客放松身心、提升整体健康水平，并为他们提供了多样化的体育体验。同时，这也增强了场馆的吸引力和竞争力，使其成为社区中的健康与娱乐中心，为城市居民提供更多样化的选择。

（4）社交互动。第一，休闲联赛和社交活动。休闲型场馆可以定期组织足球、篮球、排球、桌球等休闲联赛，并根据访客的技能水平和兴趣进行分组，鼓励积极参与。此外，健身派对、主题夜晚和社交舞会等活动也为访客提供了放松身心、建立友谊和社交网络的机会。第二，团队训练课程。场馆可提供团队建设、合作与协作培训等课程，帮助访客在学习新知识的同时培养团队和社交技能。通过与其他参与者共同参与这些课程，访客能够增进沟通能力并享受有趣的学习过程。第三，休息区和咖啡馆。场馆内的休息区配备舒适的座位、阅读材料、游戏桌及 WiFi 接入，为访客提供理想的休憩场所。而咖啡馆则作为社交与休闲的场所，方便访客享用饮品和小吃，并与朋友或新认识的人交流，增加社交互动的机会。第四，社交媒体互动。通过创建社交媒体页面，场馆可以分享活动照片和视频，并与访客进行在线互动。这种互动有助于建立社区联系、提升参与度，并为访客提供更多互动机会。第五，团队合作和竞技精神。休闲型场馆可以通过组织休闲联赛和团队训练课程强调团队合作与竞技精神的重要性。访客在这些活动中能够学习协作解决问题并共同达成目标，不仅提升了体育技能，也培养了沟通、领导力和团队合作等社交能力。

通过鼓励社交互动，休闲型场馆可以成为城市居民的社交与体育活动中心，为他们提供建立联系、增加参与度的机会，并带来娱乐性和互动性的体育体验。这不仅有助于提升场馆吸引力，吸引更多访客，还能促进社交联系和社会建设，从而增强城市居民的整体生活质量。

（5）可持续性和环保。第一，节能设备。休闲型场馆的设计和运营应注重能源效率，采用高效的节能设备（如 LED 照明和智能温控系统）以减少电力消耗。智能照明系统可以根据天光和使用需求自动调节亮度，从而降低用电成本。此外，使用节能设备有助于减少温室气体排放，为可持续发展做出贡献。第二，废物管理。有效的废物管理对于减少废弃物的产生至关重要。休闲型场馆可以设立废物分类和回收系统，并鼓励访客和员工积极参与。有机废物可用于堆肥或生物气体发电，从而减少垃圾填埋的压力。通过回收可回收材料，减少对新原材料的需求，有助于资源节约和环境保护。第三，可再生能源。利用可再生能源（如太阳能和风能）为场馆供电是一项重要的可持续性措施。可以在场馆的屋顶和周围安装太阳能电池板和风力涡轮机，以提供清洁能源。这不仅降低了用电成本，还减少了化石燃料的使用和碳排放。同时，场馆还可以在能源使用高峰期购买可再生能源，进一步提高可持续性。第四，水资源管理。合理管理水资源也是环保的重要部分。休闲型场馆可以采用节水设备（如低流量卫生设施和智能灌溉系统）以减少用水量。回收雨水并用于植物浇灌或冷却系统是一种环保实践，有助于减少淡水消耗。通过有效的水资源管理，场馆可以减少浪费，保护自然水源。第五，绿色建筑和设计。在休闲型场馆的建筑和设计中采用绿色建筑原则（如使用环保建材、最大化自然采光和通风），不仅有助于提高能效，还创造了更舒适的室内环境。绿色屋顶和墙壁设计可以减少热岛效应、改善空气质量，并促进城市绿色化与生态平衡。第六，教育和倡导。场馆可以通过教育和倡导活动增强访客和员工的环保意识（如创办环保工作坊、提供环保信息等）。访客可以学习如何减少浪费、节约能源和保护环境。同时，员工也可以接受培训，以了解可持续性和环保的最佳实践。

通过采取这些可持续性和环保措施，休闲型场馆不仅为城市居民提供了更健康和可持续的娱乐与体育体验，还传播了环保意识，为环境保护和可持续发展做出了贡献。

休闲型场馆的设计与配置旨在满足城市居民的休闲和娱乐需求，提供放松和活动身体的机会。这些场馆不仅有助于改善居民的健康，还促进了社交互动，并提高了城市的社区凝聚力。通过提供多功能场地、家庭友好设计、健康和休闲服务以及社交互动机会，休闲型场馆在城市体育消费中发挥了关键作用，丰富了城市居民的生活体验。

三、城市体育场馆：新技术的趣味性和互动性

引入新技术手段可以显著提升体育场馆的趣味性和互动性，从而增强消费者的体验。城市体育场馆一直是城市生活中不可或缺的一部分，为居民和访客提供了丰富的体育娱乐和社交互动场所。在数字时代的影响下，新技术的崛起已经深刻改变了城市体育场馆的面貌，并为消费者创造了更加多样化和引人入胜的体验。虚拟现实、增强现实以及其他创新技术逐渐成为提升场馆趣味性和互动性的重要因素。

（一）虚拟现实（VR）和增强现实（AR）的应用

VR通过提供沉浸式的虚拟环境，为观众带来独特的观赛体验。佩戴VR头盔的观众仿佛置身于比赛现场，无论他们身处何地，都能享受到身临其境的感觉。他们可以选择不同的视角，如坐在球场边或观众席上，从而获得与传统观众截然不同的视角和体验。这种沉浸感能够增强观众的投入度，使他们更紧密地参与到比赛中，并提升球场的吸引力。VR和AR技术还允许观众根据个人喜好定制观赛体验。例如，观众可以自由选择观看比赛的不同部分，追踪特定球员的表

现，或重放关键瞬间。这种个性化体验增加了互动性，帮助观众更深入地了解比赛和球员动态。此外，通过 AR 功能，观众还能实时获取比赛统计数据，如得分、助攻、篮板等信息，从而提升他们对比赛的理解和参与感。对于运动队和运动员而言，这些技术同样具有重要价值。AR 技术可用于改善训练和战术分析。教练员可以借助 AR 实时查看战术图表、球员位置，并根据情况灵活调整比赛策略，从而更有效地指导球队。这种技术支持不仅有助于提高竞技水平，还能显著提升球队的整体表现。此外，VR 和 AR 技术还为球场带来了新的营销与赞助机遇。球场可以通过与赞助商合作，提供虚拟广告牌和互动广告，从而增加广告的曝光度和吸引力。观众也能够通过这些技术参与抽奖、竞赛以及互动广告活动，进一步提升他们的参与感。随着科技的不断进步，未来 VR 和 AR 在体育领域的应用前景将更加广阔。

总而言之，VR 和 AR 的应用为城市体育场馆注入了全新功能，不仅优化了观众与参与者在体育赛事中的体验，还显著提升了球场的整体吸引力。这些技术将继续发展，为城市体育场馆带来更多创新与改进的机会。

（二）互动性游戏和应用程序

通过智能手机应用程序，观众可以在比赛中实时参与投票和预测游戏。例如，在足球比赛中，他们可以票选表现最出色的球员、预测比分或下一个进球的时间等。这种互动方式使观众更加投入比赛，因为不仅能与其他观众竞争并分享自己的观点，还能期待自己的预测结果得到验证。这不仅提高了比赛的娱乐性，还增强了社交互动。城市体育场馆还可以引入各种交互式游戏和娱乐设备，为观众提供更多元化的娱乐选择。这些设备包括交互式屏幕、虚拟挑战以及运动竞技类游戏。在比赛间隙或等待时间，观众可以参与这些游戏与其他观众竞争，从而提升整体娱乐体验。同时，这也为球场提供了额外的营收机会，因为观众可能愿意为此类活动支付费用。互动性游戏和应用程序还能促进社交互动与联动。观众可以与朋友、家人及其他观众互动，分享自己的游戏成绩或预测结果。这种社交共享增加了比赛的趣味性和参与感，使其不仅仅是一场体育赛事，更成为一次社交活动。这有助于建立球场的社交体验，吸引更多人前来观赛。此外，互动性游戏和应用程序也为球场提供了新的营销与赞助机会。品牌和赞助商可以通过合作推出专属的互动游戏，提升其曝光度和品牌认知度。在观众参与这些游戏时，也能与品牌进行更直接的互动，从而提高广告的有效性。

总的来说，互动性游戏和应用程序显著提升了观众的体育体验，使他们更加投入比赛，并增强了球场的整体吸引力。这些游戏不仅为观众提供了娱乐，还促进了社交互动，进一步提升球场的社交氛围。通过增加参与度，城市体育场馆能够吸引更多观众前来观赛。在城市体育场馆中引入互动性游戏和应用程序是一项重要的创新举措，它不仅提升了观众体验、增加了球场吸引力，更为场馆创造了新的收入来源。这一趋势将继续推动城市体育场馆的发展与革新。

（三）趣味性的数字内容

体育场馆可以通过丰富的数字内容为观众提供幕后花絮和球员访谈，使他们更深入了解比赛及运动员的点滴故事。这些内容包括访谈录像、球员生活的幕后镜头、日常训练以及赛前准备等。观众可通过大屏幕、移动应用程序及社交媒体等多种渠道访问这些内容，从而增强对比赛和运动员的亲近感。数字内容还可提供实时比赛分析与数据统计，帮助观众更深入地了解比赛进程。这不仅包括比赛统计数据，还涵盖球员表现及战术解析等专业信息。通过大屏幕和移动应用程序，观众可随时获取这些数据，进一步提升观赛体验和参与度。此外，数字内容支持观众进行实时讨论与分享，从而增加社交互动。场馆还可引入虚拟现实技术，让观众仿佛置身赛场之中，获得沉浸式观赛体验。同时，鼓励观众在社交媒体上分享其观赛感受，球场可设置专门的社交媒体区域，为观众提供拍照和发帖的空间。这不仅有助于提升赛事曝光度，还能进一步增强社交互动。数字内容还可以根据观众的兴趣与偏好进行个性化定制。例如，观众可以选择关注特定球队或球员的相关信息，以更好地满足其需求。这种定制化的内容策略能显著提高观众的参与感，使他们感到比赛体验更具专属感。值得一提的是，数字内容还为球场创造了新的营销和品牌合作机遇。品牌及赞助商可与场馆合作开发独特的数字内容，从而提升其曝光度和品牌形象。这不仅有助于增加球场收入，也为赞助商提供了更高效的推广渠道。

总之，提供趣味性十足的数字内容已成为城市体育场馆吸引观众、提升比赛体验的重要手段。随着数字技术的不断进步，未来我们将见证更多创新与突破，进一步提升体育场馆的整体吸引力及观赛体验。

（四）个性化体验

通过智能手机应用程序，城市体育场馆能够更好地满足观众需求，提升他们的满意度并增强场馆吸引力。例如，在比赛期间，观众可以通过手机应用订购自己喜欢的食物和饮料，并根据个人口味及饮食限制进行定制化选择。提前支付功能以及送餐或自取的灵活选项，不仅方便了观众，还节省了他们排队等候的时间。此外，智能手机应用程序让观众可以轻松选择座位。通过查看实时更新的座位图，观众可以根据视线效果、价格等因素挑选最适合自己的位置，从而确保获得最佳观赛体验，而无需在场馆内四处寻找合适的座位。这些个性化服务为城市体育场馆带来了更优质的观众体验，不仅增强了观众的参与感，还培养了他们的忠诚度。通过提供贴心的服务和灵活的选择，场馆能够更好地满足不同观众的需求，进一步提升整体观赛体验。

四、城市体育场馆：社交媒体和互联网平台的影响

城市体育场馆是城市生活中不可或缺的重要组成部分，为各类体育赛事和娱乐活动提供了场所。然而，随着互联网和社交媒体的迅猛发展，体育场馆的应用场景及其吸引力正经历着显著的变化。因此，我们需要深入探讨如何充分利用社交媒体和互联网平台，推动体育社交、线上比赛等新兴业态的发展，以进一步拓宽城市体育场馆的应用场景，并更好地满足各类体育活动的需求。

（一）社交媒体与体育社交

城市体育场馆可以通过社交媒体平台发布即将举行的比赛和赛事的相关信息，涵盖比赛时间、地点、对阵双方、参赛球员以及票务信息等关键内容。这些平台提供了实时且广泛的传播渠道，能够迅速将信息传递给"粉丝"和观众。此外，社交媒体平台为城市体育场馆与"粉丝"之间的互动创造了更多可能性。球队和球员可以通过发布动态或参与问答环节，直接与支持者交流。例如，球队可以定期分享训练日常、赛事准备等幕后内容，而球员则可以在赛后通过直播或短视频的形式回答粉丝提问，分享比赛感受。这种深层次的互动不仅加强了"粉丝"对球队及球员的情感联系，还显著提升了他们的忠诚度。社交媒体平台也为城市体育场馆提供了一个展示赛场内外精彩瞬间的窗口。例如，赛事结束后，场馆可以在社交媒体上分享球员的赛后采访、球队更衣室的欢乐氛围，或者球员与球迷亲切互动的画面。为了进一步增强吸引力，城市体育场馆还可以通过社交媒体举办多样化的线上活动，如"粉丝"票选最佳球员、幸运观众观赛体验、虚拟比赛互动等。这些创新形式不仅增加了体育社交的趣味性，还为场馆带来了更多曝光机会。在品牌推广和商业合作方面，社交媒体同样发挥着重要作用。球队可以与赞助商携手，在平台上进行联合营销，通过创意内容或活动提升双方品牌的知名度。例如，场馆可以发起主题挑战赛，鼓励粉丝上传与球队相关的创作内容，并邀请赞助商品牌冠名活动，实现双赢。此外，社交媒体为城市体育场馆搭建了一个强大的球迷社区平台。在这里，球迷不仅能够分享观赛体验、讨论比赛战术，还可以通过线上社群结识志同道合的朋友，共同参与各类活动。这种社交连接让球迷感受到归属感和凝聚力，进一步加深了他们对球队的忠诚度。

总之，社交媒体已成为城市体育场馆在数字化时代中不可或缺的重要工具。它不仅为场馆提供了高效的信息传播渠道，还极大地丰富了与"粉丝"互动的形式和内容。展望未来，随着技术的不断进步和社会影响力的持续扩大，社交媒体将在推动体育事业发展、深化观众参与方面发挥更加重要的作用。

（二）线上比赛与电子竞技

城市体育场馆可以考虑专门建立电子竞技场馆和设施，以顺应日益增长的电竞市场需求。这些设施可以包括专业的电子竞技比赛舞台、观众席位、播音室、训练空间和相关配套设备。在设计时，应充分考虑观众的观赛体验与参与度，例如配置专业级视听设备，确保高清画质和立体声音效，为观众提供优质的赛事观赏环境。城市体育场馆可以定期举办电子竞技比赛和相关活动，如各类电竞锦标赛、表演赛及周边活动。这些赛事不仅能够吸引不同年龄层和背景的参与者与观众，还能通过打造专业化的电竞赛事体系，逐步发展成为当地乃至全国电竞社区的重要聚集地。考虑到电子竞技和线上比赛通常采用直播形式，城市体育场馆可以为观众提供多样的观赛选择，例如在场馆内设置大屏幕实时转播，并配备专业的解说团队进行深度解析。同时，为了进一步提升观众的参与感，场馆还可以设计多元化的互动环节，例如实时在线投票、幸运抽奖以及赛后深度访谈。电子竞技和线上比赛往往能够吸引大量"粉丝"和观众，这为城市体育场馆带来了跨界合作的机会及赞助商的关注。合作伙伴可以通过在比赛中展示品牌形象、提供赛事奖金或支持相关活动来参与赞助。这种合作模式不仅有助于增加场馆的收入来源，还能有效提升其知名度和影响力。此外，电子竞技和线上比赛通常更受年轻群体青睐，这为城市体育场馆提供了吸引年轻一代观众的重要契机。通过举办电竞和线上赛事活动，场馆不仅能赢得年轻人的关注与支持，还可以结合其他体育项目或娱乐活动，满足不同年龄段观众的需求，从而实现全龄段覆盖。电子竞技和线上比赛还能够带来多元化的收入来源，例如门票销售、广告合作以及电竞周边产品的开发与销售。这些收入渠道不仅为城市体育场馆提供了经济上的可持续性保障，也为未来的场馆运营和发展奠定了坚实基础。

总的来说，线上比赛和电子竞技是城市体育场馆在数字时代不可忽视的趋势。场馆应积极拥抱这一趋势，为观众提供新的体育消费机会，吸引年轻群体，增加收入来源，同时扩大市场影响力。通过建设专门设施、举办比赛并优化观众体验，城市体育场馆有望在电竞领域取得成功。

（三）体育场馆的线上预订和购票

线上购票平台让观众可以随时随地购票，无论身在何处。这种便捷性使观众无需亲自前往售票窗口或电话订票，从而提升了购票效率。观众可以根据个人时间安排和喜好灵活选择购票时机。这些平台通常提供实时更新的比赛资讯，帮助观众随时掌握比赛时间和地点等信息变更。这样的即时通知不仅增强了观众的参与体验，也方便他们更好地规划观赛行程。线上购票平台支持在线选座功能，并提供可视化预览。观众可以查看座位的具体位置和视野效果，根据个人偏好选择最优座位，从而确保获得最佳观赛体验。这些平台还提供多元化的支付方式，如信用卡、电子支付和移动支付等，保障了交易的安全性。购票完成后，观众通常会收到电子门票，可以通过手机应用或邮件扫码验证。这种方式减少了纸质票的使用，优化了入场流程。线上平台还能根据观众的历史购票行为和偏好，为其推送个性化推荐，提升观众体验并激发他们对其他赛事的兴趣。体育场馆方面，线上预订和售票系统提升了售票效率，并能实时追踪销售数据，了解热门场次和座位分布。这些信息有助于场馆优化赛事管理和座位资源配置。此外，线上购票还能与多种数字化服务整合，如数字节目册、虚拟导览和实时比赛数据等，为观众提供更多元化的观赛体验，增强互动性。

总的来说，线上预订和购票平台通过提供便捷性、实时信息更新、在线选座、安全支付和个性化推荐等多种功能，使观众更轻松地参与体育赛事。同时，这些数字化服务也提升了场馆运营效率，推动了体育产业的进一步发展。

（四）体育场馆的数字化体验

观众可以通过智能手机应用程序或大屏幕实时查看比赛统计数据，包括得分、助攻、篮板等实时数据。这些实时信息让观众随时掌握比赛进展，无需等待官方播报。这种即时反馈不仅提升了观众的参与度和沉浸感，还为观赛体验增添了更多趣味性。数字化体验还为观众提供了详细的比赛分析与战术解析，如进攻策略、防守部署以及球员表现评估等。通过回放精彩片段或观看高光时刻，观众能够更深入地理解比赛进程，并展开关于战术和球员表现的讨论。这些内容不仅深化了观众对比赛的理解与认知，也激发了他们对篮球运动的兴趣。此外，观众还可以通过智能手机应用程序查阅球员档案、职业生涯统计数据及实时动态。这种便捷的信息获取方式帮助观众更好地了解每位球员的故事与成就，培养球迷的归属感。无论是满足好奇心还是增进对偶像的支持，这些功能都为观赛体验增添了更多深度与价值。数字化体验还包含多种趣味性互动活动，如在线投票、互动游戏、投篮挑战及抽奖等。在比赛间歇，观众可以参与这些活动，与其他球迷互动，增添观赛的乐趣与惊喜。这些娱乐项目不仅提升了赛事的趣味性，也进一步增强了观众的情感投入。社交媒体则是数字化体验的重要延伸。通过智能手机应用程序，观众可一键分享比赛精彩瞬间、视频片段或个人评论至社交平台，轻松实现与好友和同好们的实时互动。这种便捷的社交功能显著提升了赛事的社交属性和互动体验，推动了体育社交的蓬勃发展。虚拟现实（VR）与增强现实（AR）技术更是为观赛体验带来了革新。这些创新技术能够打造身临其境的比赛观赏体验，使观众仿佛置身于赛场中央。通过多维度的感官刺激，观众的情感投入感得到了极大提升。数字化体验的核心目标在于提升观众的互动体验。无论是参与数字内容互动、讨论比赛战术、分享互动娱乐成果、参与投票还是发表评论，观众都能在这一过程中深化情感连接，并与志同道合的球迷展开交流。这种全方位的互动模式使体育场馆成为吸引铁杆球迷的理想场所，同时也为场馆创造了新的商业价值与增长点。总体而言，数字化体验通过提供实时统计数据、战术分析、球员信息查询、趣味互动活动以及社交媒体分享等多元服务，不仅提升了观众的观赛体验，更深化了他们的情感连接。这些创新服务也为城市体育场馆注入了更多活力，扩大了其市场吸引力。未来，随着技术的进步与应用的深入，数字化体验将继续推动体育产业的创新发展。

结合社交媒体与互联网平台的发展，城市体育场馆的运营模式与应用场景正发生深刻变革。体育赛事通过社交网络广泛传播，显著增强了粉丝群体的粘性与互动深度。同时，数字化服务进一步提升了观赛吸引力，成功俘获了大量年轻消费群体的关注与热情。这些创新举措不仅重构了传统观赛方式，也为体育产业创造了更多可能。

五、城市体育场馆的个性化服务体验：智能推荐和定制化服务

城市体育场馆一直是城市文化和体育娱乐的重要组成部分。然而，为了吸引更多观众和提高用户满意度，体育场馆需要不断创新和改进服务体验。通过提供个性化、定制化的服务，运用智能推荐算法等技术，满足不同用户的需求，提高城市体育场馆的吸引力和竞争力。

（一）智能推荐算法的应用

智能推荐算法已经在各种应用领域取得了成功，城市体育场馆也可以借鉴这一技术来提供更加个性化的服务。通过分析用户的偏好、历史行为和需求，智能推荐算法可以向用户推荐适合他们的比赛、赛事、座位和服务。这不仅提高了用户的体育体验，还帮助体育场馆提高了销售效率和满意度。例如，当用户访问城市体育场馆的网站或应用时，智能系统可以根据他们的历史行为和兴趣，向他们推荐即将举行的比赛、座位选择和附加服务。如果用户更喜欢家庭友好型的体验，系统可以推荐家庭包、儿童座位和亲子活动。如果用户是体育迷，系统可以提供球队纪念品和球员见面会的信息。

（二）定制化服务的提供

城市体育场馆作为城市文化和体育娱乐的重要载体，在城市发展中扮演着不可或缺的角色。然而，面对日益多元化的用户需求与激烈的市场竞争，体育场馆唯有持续创新、优化服务体验，方能在众多娱乐选择中脱颖而出。通过引入智能化推荐技术，精准触达不同群体的个性化需求，不仅能够显著提升用户的观赛满

意度，更能让城市体育场馆在现代都市生活中焕发新的活力，成为市民文化生活的重要组成部分。

（三）移动应用和线上互动

移动应用可以为用户提供场馆规则、禁限带物品清单、安全指南及紧急情况应对措施等重要信息，帮助用户全面了解场馆要求，确保比赛体验的安全与愉快。通过移动应用，用户能够实时获取比赛相关信息，包括赛程调整、天气状况、球队动态及其他关键通知。及时掌握这些信息，用户可以灵活调整行程安排，从容应对各种变化。此外，移动应用还提供丰富多样的互动活动，如"粉丝"投票、线上抽奖、虚拟比赛和趣味挑战等。这些活动不仅增强用户参与感，还能培养品牌认同与归属感。用户可借助应用程序轻松参与各项活动，与其他球迷展开互动，分享体育激情。通过移动应用及其线上活动，不仅能提升用户的满意度，更能深化其参与度。用户可便捷获取所需信息、享受快速购票服务，并体验趣味盎然的互动项目，从而获得更优质的综合体验。这种全方位的服务能够显著提高用户忠诚度，为市场发展注入持续动力。

（四）社交媒体和用户生成内容

社交媒体平台（如 Facebook、Twitter 和 Instagram）成为城市体育场馆与用户互动的重要桥梁。这些平台为场馆提供了展示赛事信息、球队动态、球员互动及赛后花絮的理想渠道，有效吸引了更多关注与参与。通过社交媒体，场馆能够与"粉丝"和观众建立更紧密的联系，提升用户的互动性和关注度。其中，用户生成内容（UGC）是提高吸引力的关键因素。用户常分享比赛照片、视频和评论，这些内容不仅展现了他们对比赛的热情，也向他人传递了赛事的独特魅力。由于 UGC 具有高度的真实性和可信度，其影响力远超官方发布的内容。场馆可采取多种方式鼓励用户参与内容创作：举办社交媒体比赛，邀请用户分享比赛体验，并提供奖励与认可；或发起特定主题的互动活动，激发用户的创意和热情。当用户的原创内容获得场馆的认可并被分享时，他们将感受到被重视与尊重，从而深化品牌认同感。这种情感联系有助于提升用户忠诚度，推动体育社交文化的繁荣发展。此外，UGC 具有强大的传播效应：当用户分享比赛相关内容时，会激励更多人参与互动，形成良性循环。这不仅增强了赛事的社交属性和趣味性，也为场馆吸引了更广泛的受众群体。社交媒体平台与用户生成内容是城市体育场馆提升知名度、增强吸引力及促进市场增长的重要工具。它们不仅帮助场馆与用户建立更紧密的关系，还有效提升了用户体验，推动了行业的持续发展。

借助智能推荐算法、个性化定制服务、移动应用及社交媒体等科技手段，城市体育场馆能够为用户提供独特而贴心的服务体验，充分满足各类需求。这些创新举措不仅提升了用户的体育乐趣，更显著增强了场馆的竞争力与吸引力。场馆探索新型科技和服务模式，对接用户期待，持续提升满意度，助力城市体育文化与娱乐产业蓬勃发展。

第三节　城市体育消费新场景生成

城市体育消费新场景的生成是多方面因素共同作用的结果，包括消费主体的需求、技术的发展、城市经济发展和产业转型升级、政策支持和社会参与等。这些因素相互影响、相互促进，共同推动了城市体育消费新场景的生成和发展。随着消费者需求的不断变化和体育产业的持续发展，未来城市体育消费新场景将会更加丰富多样。

一、消费者需求多元化

消费者需求的多元化直接推动了体育服务内容的创新。随着人们生活水平的提高，大众对体育消费的需求已从传统的健身和观赛拓展至体育旅游、户外运动、专业培训及健康康复等多个领域。这种多样化的需求促使体育服务提供者不断推陈出新，开发满足不同消费者需求的产品与服务，从而催生出新的体育消费场景。

消费者的个性化需求推动了体育消费场景的定制化发展。每位消费者的体育兴趣各不相同——有人衷情于篮球竞技，有人青睐瑜伽修养，还有人热衷极限挑战等。基于此，体育服务商推出了定制化解决方案，包括专业篮球训练中心、特色瑜伽会所及极限运动基地等，从而为用户打造了更为贴心与高效的消费体验。

消费者的品质化需求加速了体育消费场景的升级步伐。伴随消费者对服务品质的日益重视，他们不仅关注设施硬件，也注重服务水平与消费体验等多维度要素。为迎合这一趋势，体育服务商在多个层面进行优化：升级场馆设施、引入专业师资力量以及营造舒适消费氛围，以此不断提升吸引力。

消费者的社交化需求催生了体育消费场景的社交化转型。当代消费者在享受体育活动时，不仅寻求身体与精神的愉悦，也重视社交互动与情感联结。基于此趋势，体育消费场所纷纷增添社交属性：策划团体赛事、举办主题活动以及搭建交流平台，让参与者在运动之余也能广交朋友，深化情感纽带。

二、体育产业发展与创新

体育产业的快速发展推动了市场扩容，并为城市体育消费新场景的生成奠定了基础。随着资本和资源加速向体育领域聚集，体育设施、赛事活动及产品研发等方面实现了快速突破。这些发展不仅丰富了消费者的选项，也进一步繁荣了体育消费市场，为城市体育消费新场景的形成提供了广阔空间。

体育产业的持续创新则成为推动城市体育消费新场景生成的重要动力源。从技术创新到产品服务升级，体育产业正不断探索新的发展模式。例如，通过开发智能体育设施、推广线上健身课程及打造虚拟现实体验等多元化方式，为消费者带来全新体验。这种全方位的创新不仅满足了消费者的多层次需求，更为城市体育消费新场景注入了持续活力。

体育产业与其它领域的跨界融合，则进一步拓宽了城市体育消费新场景的发展边界。通过与文化、旅游、教育等行业深度融合，衍生出更多特色鲜明的消费场景。例如，体育与旅游结合推出的登山、骑行等主题线路，让游客在旅途中感受运动魅力；而校园体育活动的开展，则有效激发青少年参与热情。这种跨领域协作不仅丰富了体育消费内涵，更为城市体育消费新场景提供了源源不断的创新灵感。

全球化进程则为城市体育消费新场景注入了国际化元素。国际赛事的举办、海外体育品牌的引入等举措，不仅提升了城市体育消费的品质和格局，也让市民享受到更多元化的运动体验。这些国际化实践在提升城市体育消费水平的同时，也为城市体育消费新场景的持续发展提供了强劲动力。

三、城市空间规划与优化

合理的城市空间规划是实现体育资源均衡配置的关键。科学的规划方案能够统筹协调各类体育设施的空间布局，使市民获得便利可达的运动条件，从而激发体育消费意愿。这种均衡化发展不仅满足了市民基础体育需求，更为打造多元化体育消费场景提供了坚实支撑。

在城市更新过程中，空间优化对提升体育设施效能具有重要意义。通过优化土地资源配置、适度提高开发强度等手段，可为体育设施建设创造更多优质空间载体。这不仅有助于形成规模效应，还能推动设施建设向专业化、品质化方向发展。高品质的体育设施不仅能吸引更多赛事活动落地，更能带动周边商业配套升级，实现经济效益与社会效益双赢。

城市空间规划的另一个重要价值在于促进功能融合创新。通过将体育设施与商业、文化、娱乐等多元功能有机整合，可打造出"体育＋"复合型消费场景。这种立体化的空间布局模式，既丰富了体育消费体验内涵，也提升了空间利用效率，为市民创造更多元化的运动选择。

科学的城市规划还需要充分考虑不同群体的差异化需求。例如，在社区层面可以分年龄段、分功能分区配置体育设施：为老年人设计适合低强度活动的场地，为青少年提供多样化运动场所等。这种精细化布局策略不仅能扩大体育消费覆盖面，也有效提升了城市体育服务的人性化水平，为培育新型消费场景提供了更多可能性。

四、政策支持与引导

政策支持是推动体育产业发展的关键要素。政府通过专项资金、财政补贴等手段为设施建设、赛事组织及创新项目提供资金保障，降低了产业发展风险，激发了市场活力，为城市体育消费场景营造奠定了基础。

科学的政策引导有效扩大和优化了体育消费市场。政府制定针对性政策措施，鼓励市民参与体育活动，提升消费水平。通过发放消费券、实施税费优惠等举措降低参与门槛，同时推动市场向多元化、个性化方向发展，满足不同层次消费需求。

政策扶持助力体育产业创新升级。通过科技创新政策引导企业加大研发投入，支持利用大数据、云计算、人工智能等新一代信息技术开发智能设施和线上课程，为消费者创造全新体验。这些创新举措不仅增强了产业竞争力，也为消费场景注入新活力。

政府规划与建设并重，优化体育设施布局。在城市规划中预留充足空间，确保设施均衡分布。同时加大公共设施建设力度，提升覆盖率和服务质量，构建便捷优质的体育消费环境。

政策支持促进了体育产业的跨界融合发展。通过与文化、旅游、教育等领域的协同创新，打造特色消费场景。例如，发展体育旅游、完善校园体育设施等举措不仅丰富了消费内涵，也为城市体育场景营造提供了新思路。

五、科技与文化的融合

科技与文化的深度融合推动了体育消费体验的创新升级。大数据、人工智能、虚拟现实（VR）等现代技术手段在体育领域的广泛应用，不仅提升了设施和服务的智能化水平，更为消费者带来了沉浸式体验。例如，通过 VR 技术，消费者能够身临其境般观看比赛或参与虚拟活动，极大增强了参与感和满足度。同时，体育与文化的有机结合赋予了消费更多文化内涵，融入传统文化元素使体育活动更具吸引力。

科技与文化的协同创新也推动了体育产业的模式升级。在数据驱动下，企业能够精准分析消费者需求并制定市场策略；文化创意的注入则让体育赛事、活动更具独特魅力。例如，打造具有文化特色和艺术价值的体育 IP，吸引更多关注与参与。这种创新驱动不仅促进了产业快速发展，也为城市体育消费新场景提供了持续动力。

　　科技与文化的融合显著提升了城市体育消费的吸引力。智能设备为消费者提供个性化运动指导和健康管理方案，使体育消费更加科学便捷；文化特色赛事活动则激发了市民和游客的广泛参与热情。这种吸引力的提升不仅扩大了市场规模，更为城市体育消费新场景营造了良好的市场环境。

　　科技与文化的融合也为城市体育产业国际化提供了重要助力。通过引入国际先进技术和理念，提升城市体育产业竞争力；积极参与国际交流合作，则推动了本土体育消费场景与国际市场接轨。这种跨文化、跨技术的协同发展，为城市体育消费注入更多国际化元素和创新视角。

第五章 城市体育消费新场景培育的主要影响因素

城市体育消费新场景的建设坚持以属地化、区域化为导向，深入挖掘地域特色与市场需求。在改造与提升过程中，注重以下四个方面：一是打造高颜值的城市空间；二是创造可交互感知的服务场景；三是提供内容丰富的服务体验；四是塑造差异化城市体育 IP。同时，通过构建具有认同感的用户社群，实现商业价值与社会影响力的双赢。

第一节 城市体育消费新场景培育的区位因素

"区位"一词源于德文的"Standort"，后被翻译为英文的"location"，中文译为"区位"。它主要指代空间中的位置概念，即人类活动所占据的具体场所。这些场所可能包括人口密集区域、交通枢纽节点以及竞争对手相对较弱的位置等。商业活动与区位具有密切关联性，因为商业企业所依赖的关键要素在非均质的空间环境中呈现不均匀分布特征，例如居民群体、交通网络、竞争对手布局等因素都会对商业选址产生重要影响。因此，通过优化区位配置模型，商业企业能够更科学地选择空间中最优位置，从而更好地满足服务需求、实现运营效益最大化，并在市场竞争中获得更有利的地理位置优势。

在空间中，居民分布集中、交通通达性好且竞争对手实力较弱的区域往往成为较优的区位；反之，居民分布分散、交通不便且竞争对手实力强劲的区域则被视为较差的区位。这表明商业活动所占据的空间是非均匀分布的。区位主体主要包括商业物业开发商、商业企业、消费者和政府等多方参与者，他们在进行区位选择时均以实现自身利益最大化为目标。区位选择是指区位主体根据自身的实际需求以及各种影响因素（如地理位置、市场环境等），对最优区位进行决策的行为。具体到商业企业而言，其区位选择是为了追求经济利益的最大化，在综合考虑自身发展需求和外部条件的基础上，选择能够带来最大收益的经营场所。当政府成为区位主体时，区位选择就延伸出了"商业布局"的概念。这意味着政府在进行空间规划时，会全面评估各种影响因素，以实现社会利益最大化为目标，引导商业企业的合理分布与协同发展。区域的特征决定了区域经济的发展模式，而区域经济的特点又直接影响着区域经济规划的方向与策略。值得注意的是，完全相同的区域是不存在的，因此区域经济规划的区域性原则要求根据不同地区的实际情况，制定差异化的规划方案。不同区位主体在选择最优位置时会体现出各自的偏好：商业物业开发商关注的是其开发的物业是否能够吸引优质商业企业入驻；商业企业则侧重于寻找能够实现利润最大化的经营场所；消费者更倾向于选择距离最近、时间成本最低且商品价格合理、质量优良的消费地点；政府部门则通过制定相关法律政策，引导零售商合理布局，促进区域经济和谐发展，并最终提高整体流通效率。

传统经济地理学理论指出，地理邻近能够促进创新主体之间的面对面交流，从而推动社会文化、制度和认知层面的趋同。因此，企业的区位选择至关重要，直接影响其经营效益与生存发展。商业区位的重要性主要体现在以下两个方面：

首先，商业区位具有较强的稳定性特征。门店选址通常伴随着高投入、长期性和固定性等特点，一旦选定，往往难以轻易更改。在确定门店位置时，企业需要综合考虑场所的使用方式，并选择自建、购置或租赁等模式。无论是自建还是购置店铺，都需要投入大量资金并长期占用资本资源，且店址一旦选定，调整成本极高。即使是采用租赁模式，企业在店内外装修及装饰上仍需投入较大资金，且租赁合同期限普遍较长。若投资决策失误，则将面临高昂的转换成本。其次，区位对企业的营销策略具有重要影响。区位条件的好坏直接影响顾客对门店的选择行为。如果企业选址在一个理想的位置，即使其营销策略较为普通，也能够取得较好的经营效果。相反，如果区位条件不佳，商业企业则需要在营销策略上投入更多资源以弥补区位劣势，这将导致企业持续增加营销投入和经营成本。

我国经济发展呈现出明显的区域不平衡特征，体育产业的区域发展也体现了这一特点。东部沿海地区聚集了体育产业发展所需的各类要素，包括劳动力、技术、资本和消费市场等。在追求利润最大化的驱使下，企业自然倾向于向东部沿海地区集聚。目前，我国体育产业正在逐步形成向经济发达地区集中的趋势。瑞典经济学家缪尔达尔提出的"回流效应"和"扩散效应"理论表明，区位因素对产业空间分布具有显著的吸引力和引导作用。

进入 21 世纪以来，经济社会发展发生了深刻变革，区位因素的内涵也日益丰富，逐渐涵盖了文化因素、政府行为等多个维度。现代意义上的区位优势是指，在某一特定产业的生产经营活动中，某地区相较于其他区域所具有的独特优势。具备特定区位优势的地区，往往能够降低相应产业的交易成本，形成集聚效应，并产生"回流效应"，最终促使产业形成规模化的集群。

我国地域辽阔，受地理、历史等多重因素影响，很多地区的经济发展仍存在一定程度的不平衡性。目前，中国特色社会主义市场经济体制已初步确立，但因发展时间较短，市场机制尚待进一步完善和发展。当前阶段，我国体育资源的市场化程度相对较低，市场主体之间的信息不对称问题较为突出。由于市场在资源配置中尚未充分发挥其应有作用，因此需要政府进行适度干预以促进经济健康发展。

在体育产业发展过程中，政府掌握着更多的信息和资源，在产业集群的形成过程中发挥着重要作用。根据产业集群形成的机制分析，产业集聚效应主要体现在降低特定领域的交易成本。当市场调节功能未能充分发挥时，政府通过制定并实施适当的产业政策，例如降低水、电、用地等要素的成本，从而推动产业集聚。我国在相当长的一段时期内，许多地区都在政府的主导下积极开展招商引资工作，通过提供税收减免、土地优惠等相关扶持政策，有效实现了产业集聚。

从政府行为因素对体育产业聚集的影响来看，地方发展体育产业的规划及配套支持政策对体育用品制造业集群具有决定性作用。具体而言，地区的产业规划及政策文件为区域产业结构调整指明了方向，具有重要的指导意义；而国家层面的产业规划则相对更加普惠，通常选择在具有一定产业基础的地方设立国家级体育产业基地，以此推动体育产业集群的形成。地方政府为了促进经济发展，往往会加强基础设施建设，并制定相应的优惠政策，同时搭建信息共享平台以促进企业间的沟通与协作。这些措施可以在一定程度上降低生产性交易成本，从而推动产业集聚的进一步发展。然而，过度依赖政府的优惠政策扶持也会带来一系列问题，主要表现在两个方面：首先，在政策趋同效应的作用下，经济发达地区与欠发达地区之间的差距可能会进一步扩大，不利于后者的发展。例如，经济实力较强的发达地方政府能够提供更为优厚的优惠政策支持，这无疑会削弱经济不发达地区企业集聚的可能性。其次，一些地方政府过于关注短期税收收益，而忽视了必要的监管体系建设，这对产业集群的长期健康发展十分不利。如果缺乏有效监管，可能会造成资源浪费等不良后果。为了实现体育产业集群的可持续发展，需要建立健全相应的监管机制，确保政策实施的有效性和科学性。

在服务类体育产业集群的形成过程中，除政府行为外，服务消费地的经济环境、文化氛围以及区域综合实力等外部因素对其发展具有重要影响。这些因素与该地区的经济社会发展水平密切相关。具体而言，影响体育产业集群形成的各项关键要素见表5-1。

表 5-1　影响体育产业集群形成的重要因素

影响体育产业集群形成的重要因素	国民经济发展水平
	国内体育消费需求水平
	区域人均可支配收入水平
影响体育产业集群形成的重要因素	体育消费市场本地化程度
	当地体育消费需求水平
	地方政府的积极性及主导作用
	地方发展体育产业的规划及配套支持政策
	体育市场管理相关法律完善程度
	区域已具有该项体育产业的相对优势
	体育产业发展的进入壁垒
	区域内是否具有完善的信息平台
	区域内商业发展程度
	区域内融资环境

　　"区域内是否具有完善的信息平台""区域内体育产品生产部门之间的合作程度"以及"体育市场管理相关法律的完善程度",是影响产业集群形成的关键因素。在具备产业优势的地区,若能够在自发聚集的基础上获得相应政策推动,则有望实现该地区产业集群的良好发展。在体育服务业集群形成过程中,由于生产与消费具有同步性特征,因此体育消费偏好对集群产生重要影响。"区域内的体育传统"即为其中一项重要影响因素。此外,鉴于我国体育服务业市场化发展水平较低,市场准入壁垒的存在对产业集群的形成存在负面影响。

　　商业发达的地区在各项发展方面相对成熟,这有利于产业集群的形成。因此,"区域内商业发展程度"和"区域内融资环境"是影响产业集群形成的重要因素。在体育服务企业内部,"区域内体育企业的经营管理能力"以及"体育企业员工的素质"等因素对企业发展至关重要,因而也是影响体育产业集群形成的关键要素。

　　企业可能根据市场变化选择相应的生产经营地。就体育用品制造业集群而言,生产要素、技术创新和物流业发展等因素对其形成具有重要影响。具体而言,其影响因素见表 5-2。

表5-2　影响体育用品制造业集群形成的因素

影响体育用品制造业集群形成的因素	国内体育消费需求水平
	区域内土地、劳动力、水电气成本
	国家产业规划及其政策
	地方政府的积极性及主导作用
	地方发展体育产业的规划及配套支持政策

　　体育用品制造业集群的形成过程中，许多影响因素与体育产业集群形成的因素相似。对于相同之处，不再赘述。随着国内体育消费水平和经济的发展，人们的体育需求不断增长，推动了体育用品市场规模的不断扩大，从而促进了体育用品制造业集群的形成。体育用品制造业对"区域内土地、劳动力、水电气成本"等要素的依赖性较强，这些成本的降低必然会吸引更多追求利益最大化的聚集于此。此外，技术因素在体育用品制造业集群形成中具有重要影响。随着现代物流业的发展，劳动力和自然资源等方面的竞争优势逐渐减弱，企业的集聚更加注重技术创新因素。当区域内的产业集中度较高且存在一些大型企业时，这些大型企业的技术创新会形成一定的外部效应，吸引小型企业加入。需要注意的是，在我国，"区域内国际知名体育用品企业设立的代工企业数量"这一因素对体育产品制造业集群具有重要影响。许多知名的体育用品生产企业都是从代工开始发展起来的。在这一过程中，许多企业逐渐掌握了相应的生产技术，逐步壮大并最终转型成为产业集群。

　　区域因素是影响区域体育产业核心竞争力形成和发挥作用的空间基础，包括自然地理位置和经济地理位置。这些因素指的是地理、自然、社会和经济等客观存在的要素，它们会影响并决定经济、人文社会现象的空间位置和组合关系。

　　在现代区域经济发展过程中，各经济主体不能完全自我封闭、独自孤立地进行生产活动。无论是在区域内还是区域间，或多或少都存在着一定的联系。这种研究各经济主体在空间范围内相互联系、相互作用力的理论被称为经济引力理论[①]。基于经济引力理论的分析，区位选择是多方引力因素相互作用的结果。城市体育消费新场景培育的区位因素主要包括以下6个方面。一是交通便利度：好的交通便利度可以让消费群体更加便捷地抵达体育场馆和运动设施，提高消费者的满意度和消费体验。二是产业集群环境。区域内是否集聚有体育相关产业（包括场馆建设、运营管理、品牌推广以及赛事组织等），可以对城市体育消费新场景的培育产生重要影响。三是人口聚集度。人口聚集度越高，体育消费的潜在消

---

　　① 樊斌，袁钰梅. 中国奶牛养殖业的区位选择策略研究——基于经济引力视角的分析 [J]. 价格理论与实践，2022，457（7）：47-50，163.

费群体越多，增加了城市体育消费新场景的市场潜力和吸引力。四是土地资源利用情况。区域内具有可利用的土地资源，特别是经济适用的土地资源，对于新场馆的建设和场地改造有重要意义。五是经济发展水平。经济发展水平高的区域一般有更深厚的体育文化底蕴和丰富的体育设施资源，有助于创新体育产业业态，促进城市体育消费新场景的培育。六是政策环境支持。政策环境对城市体育消费新场景的发展和创新具有重要影响。政策的开放和包容程度，以及对体育产业的支持力度，都会直接影响到城市体育消费新场景的培育和发展。政策保障和资源扶持是推进城市体育消费新场景发展的有效手段。以上各区位因素相互作用、共同影响，为城市体育消费新场景的培育提供了良好的基础条件。

第二节　城市体育消费新场景培育的项目因素

城市体育消费新场景培育项目的选择应充分考虑所在城市体育市场和体育企业产品供需匹配的机会，利用地方政府体育产业信息数据库，获取体育产业运行数据及优质公共信息服务。这不仅有助于确保培育项目与所在城市体育产业总体规划保持一致，还能提升项目的科学性和可行性，从而获得城市居民的认可。良好的城市公共空间格局应以有限的公共空间资源最大限度地服务于最多人数，实现公平与效率的平衡①。因此，在改善人居环境和优化城市空间品质的过程中，亟需切实提升项目服务质量。应在高质量的基础上打造独特的吸引力点，搭建良好的经营生态和发展平台。同时，必须注重创新消费场景，紧跟消费需求和心理变化，让热门项目不断优化升级。要结合市场环境的变化，孕育和推出适应新趋势的产品，从而增强消费者黏性，推动城市体育消费新场景的可持续发展。

体育产业投资者在选择项目时，需综合评估项目周边人群规模、消费倾向、购买力及不同时段的人流量等关键因素，准确把握影响商圈活跃度的核心要素，从而科学确定项目定位。具体而言，项目应聚焦 Z 世代群体（注：指 1995 年至 2010 年出生的一代人），通过精准定位实现以下目标：首先，有助于城市体育消费新场景优化经营管理模式，打造具有特色的消费场景；其次，能够有效提升项目的市场竞争力，实现客流量与销售额的双重增长。从理论层面来看，体育作为一门具有多元功能的社会文化现象②，其发展与文化经济密切相关。正如严行方

① MCALLISTER D. Equity and Efficiency in Public Facility Location [J]. Geographical Analysis，1976，8（1）：47—63.

② 饶远，许惠玲，许仲槐. 对我国西部少数民族体育产业化开发理念的新认识 [J]. 上海体育学院学报，2002（3）：15—18.

在《文化经济学》中所指出的，文化主要通过市场运作、产品供给、活动组织及用品生产等方式促进经济增长①。从市场层面来看，艾媒咨询发布的《2022年中国兴趣消费趋势洞察白皮书》显示：截至2021年底，中国"90后"及"00后"人口总量接近3.2亿人，已然成为推动国内消费增长的核心力量。基于此，针对Z世代群体追求个性化体验、注重社交互动等特征打造的消费场景，更易于形成市场影响力并激发消费热情。在实践层面，建议以"体育＋"思维为核心，构建多元化消费场景：一方面，可拓展"文化＋""艺术＋""科技＋"等全新消费体验形式；另一方面，通过注入视觉、听觉、嗅觉、味觉和触觉的五感体验，为商业氛围浓厚的体育消费新场景赋能。这种模式不仅能够提升消费者的体验品质与项目特色，更能有效促进消费转化率的提升，最终实现经济效益的增长。

随着居民生活水平的不断提升，国民对身体健康的重视程度显著提高。2016年，"全民健身"战略上升为国家战略；自此，人们对体育健身和休闲运动展现出前所未有的热情与需求。据权威杂志《经济学人》于2017年发布的《中国开赛——崛起中的中国体育健身产业》报告数据：我国参与体育锻炼的人口规模已达4.34亿，占总人口的近三分之一，且这一比例仍在持续增长中。这些数据充分表明，中国体育健身市场潜力巨大，未来发展前景广阔。

体育消费新场景相关项目能够为消费者带来新奇体验，延长其在体育消费新场景中的停留时间，从而激发消费者的参与热情与消费意愿。在居民消费结构从传统型向发展型、享受型和品质型快速升级的背景下，体育项目需要与旅游、教育、医疗和康养等产业深度融合、协同发展，通过多维度创新打造多样化的消费新场景，以满足消费者日益多元化、个性化的消费需求。培育城市体育消费新场景的关键要素主要体现在以下六个方面：① 场地布局。新场馆和运动设施的规划与设计需充分考虑市场的多元化和个性化需求，合理配置空间功能。在建设过程中，应深入挖掘场地的文化和历史内涵，并注重其可变性和多功能性，以提升场地的综合利用率。② 设施配置。科学合理的器材配备、专业的技术支持以及创新技术的应用是提升新场馆和运动设施品质的关键因素，也是提高用户满意度的重要保障。③ 运营模式。运营模式的创新、经营管理水平的提升以及专业化服务的实施，对城市体育消费新场景的培育具有决定性作用。④ 项目定位。在规划新场馆和运动设施时，需充分考虑目标消费群体的需求特征，避免同质化竞争。特别是在场地设计与设施配置上要体现独特性和吸引力，注重个性化表达。⑤资金成本。新建和筹建体育场馆和运动设施的资金成本是培育城市体育消费新场景时不可忽视的重要因素，它关系到该场馆或设施的投入产出比，以及市场营

---

① 严行方. 文化经济学 [M]. 北京：北京经济学院出版社，1992.

销的力度和手法。资本是场域运行的手段和目的①，每个场域根据内部行动者所占资源决定场域的结构②。⑥人力资源。体育消费属于享受型消费，其消费能力的高低不仅取决于经济基础，还与该地区所拥有的体育资源（包括物力、财力、人力等）密切相关③。所以，新场馆和运动设施的良好运营，离不开强大的人力资源支持。那么对于培育城市体育消费新场景而言，场馆运营管理、教练员等人才的配置、培养和管理都是至关重要的。

第三节 城市体育消费新场景培育的技术因素

技术因素通过以下功能对体育产业形成非线性作用：首先，现代科学技术的快速发展提升了社会整体生产力水平，推动了新的产业分工格局的形成；其次，科技进步提高了劳动生产效率，在很大程度上促使劳动要素流动，进而导致体育产业结构的调整与发展；再次，技术发展具有显著的刺激效应，引发人们需求结构的变化，从而影响体育产业结构的相应调整；此外，现代科技的迅猛发展不仅为新兴产业注入活力，也加速了传统产业的改造与升级，推动体育产业生产结构的优化与提升；最后，技术进步提升了国家的国际竞争力，促进了对外贸易的发展，直接导致体育产业结构发生显著变化。

在"体育强国"政策背景下，产业数字化升级已成为不可逆转的时代趋势。当前，体育行业正经历新一轮科技化浪潮，在演进过程中不断提升产品和赛事的科技含量。随着体育与科技两大产业的深度融合，以及5G、人工智能（AI）、VR/AR等技术的应用与支持，体育产业未来发展新动能不断涌现。新兴体育科技的广泛应用，不仅助推了体育产业的高质量发展，更成为现代体育创新发展的核心动力。在数字化转型时代背景下，科技创新已成为推动中国体育事业发展的重要引擎。城市体育消费新场景的培育需要加快体育消费模式创新，加速体育消费产品的升级迭代，并促进产品与先进技术的深度融合。具体而言，应大力发展高技术、高附加值的体育用品产业，鼓励体育用品制造企业加大研发投入，深入挖掘品牌价值，科学布局产业链条，依托主业发展体育服务业。同时，应将智能体育产业发展纳入数字经济发展框架，支持开发智能化运动装备器材，并设计智

---

① 程雪艳，吴悦，张亮. 基于场域理论的家庭健康服务需求概念模型构建研究［J］. 中国卫生经济，2019，38（12）：69-73.

② 毕天云. 布迪厄的"场域-惯习"论［J］. 学术探索，2004（1）：32-35.

③ 胡艳. 四川省城乡居民体育消费行为差异及影响因素分析［J］. 成都体育学院学报，2014，40（9）：39-43.

慧化运动消费场景。此外，还需建设线上线下联动的体育产业展示平台，办好各类体育产业博览会，提升云上体育产业博览会的品牌影响力。

随着互联网技术的快速发展及 5G 时代的全面到来，科技赋能已成为推动全民健身的重要抓手。"十四五"规划明确提出"建设体育强国"的目标，并强调要加快推进"互联网＋健身"，全面提升全民健身公共服务体系的智能化、信息化和数字化水平。科技正在重塑体育产业，为运动注入新的活力。"体育＋科技"的深度融合正带来全方位的变革。随着信息技术的不断进步，"体育＋科技"的模式不仅为整个体育行业的创新发展提供了更加坚实的技术支撑，也为体育与其他产业的跨界融合创造了更多可能性。未来，这种模式将进一步推动体育产业向更高水平、更高质量的方向发展。

在运动过程中，科学的训练方法和合适的运动装备是提升运动表现、预防运动损伤并让人们更好地享受运动乐趣的关键。以跑步为例，如今跑者可以随时随地开展运动，通过 GPS 等移动定位功能记录跑步里程、配速、步频、步幅等数据；借助智能手表等设备监测心率、触地腾空时间等指标。在各类科技手段与智能产品的支持下，看似简单的跑步运动变得更加科学、健康和高效。

近年来，体育运动中的数据分析价值日益凸显。随着智能运动产品种类的不断丰富以及人工智能等技术的持续发展，运动大数据时代已经到来，生活化运动数据的应用场景也在不断扩大。从最初通过手机、计步器等设备记录步数、运动时长、里程等基础运动数据，到利用中低端运动手环等设备监测步频、步幅、步速和卡路里消耗等中级运动数据，再到如今借助运动手表、高端运动手环、智能跑鞋及专业运动设备/医学设备采集心率、血脂、血氧、跑姿分析等高级运动数据，用户的运动数据收集与处理能力不断增强。

未来，随着智能可穿戴设备的普及，人们将能够覆盖更多用户运动场景并持续完善全场景数据获取能力。结合人工智能等技术对数据进行深度分析和处理后，这些数据资源将更好地融入用户的运动过程，为用户提供更加专业、个性化的运动建议，从而进一步提升运动的专业性、安全性和科学性。此外，科技智能化设备凭借其便利性、可靠性和精准性，正逐渐获得消费者的认可与喜爱，体育运动也将逐步成为人们日常生活的重要组成部分。

我国经常参加体育锻炼的人数不断上升，推动了运动健身市场规模的持续增长。随着居民生活水平的提高，消费能力与意愿增强，健康意识日益提升，对运动健身的需求呈现持续增长态势。根据国务院《体育强国建设纲要》等文件规划，2015 年至 2035 年期间，中国经常参加体育锻炼的人数将保持快速增长。预计到 2035 年，我国经常参加体育锻炼的人口将达到 6 亿以上，占总人口比例超过 45％。

智能科技已成为运动领域的热门发展方向。在新时代背景下，我国体育产业经历了政策引导市场开放、社会体育文化激发市场需求以及消费升级带动市场的阶段后，科技创新正为体育产业发展注入更多活力，开拓新的发展空间。例如，北京冬奥会不仅是一场体育盛会，更是一场科技盛宴。人工智能、虚拟现实、5G、8K、裸眼 3D 等一系列高科技在北京冬奥会上的成功应用，向世界呈现了一届令人惊叹的精彩赛事，充分展现了科技创新与体育结合的强大魅力。这些高科技在赛后推广应用，将惠及每一位人民群众。成都大运会接棒北京冬奥会，在"智慧大运"的理念指引下，成都发布了《成都大运会智能智慧十大应用场景清单》，涵盖智能环境清洁、智能消杀服务、智能测温防护、智能颁奖礼仪、智能体育展示等 10 个具体场景，为赛事的智能化运行提供了坚实的科技支撑。

科技自立自强是国家强盛之基、安全之要。当前，体育事业的发展 increasingly relies on 科技创新。开展体育科技革命、实现核心技术自主可控，不仅是推动我国体育高质量发展的第一动力，也是全面建成体育强国的重要保障。

科技创新在保障体育赛事安全运行和赋能体育场馆合理运营方面发挥着重要作用。通过气象大数据、人工智能等技术构建全方位、精细化、智能化的气象保障体系，不仅为大型国际体育赛事和国内各类规模赛事的成功举办提供了可靠保障，也为日常运动训练和人民群众健身活动的顺利开展提供了科技支撑。以 2022 年北京冬奥会为例，中国代表团首次引入气象工作人员随团进行全程保障，打造出"百米级、分钟级"的全场景气象精准预报模式，为备战和参赛提供了科学决策与精细服务。随着智能时代的到来，通过大数据、物联网、云计算等新兴技术对传统体育场馆进行智慧化升级，打通场馆运营管理的各个环节与要素，全面构建场馆智慧服务体系与公共服务模式。这一系列举措将助力打造涵盖全民健身群众组织、场地设施、赛事活动、健身指导、器材装备等内容的数字化全民健身服务平台，实现场馆信息化建设、数字化运营和智能化管理，有效提升场馆的运营效率与利用率，为解决人民群众"去哪儿健身""怎么健身"等问题提供科学依据和实践路径。智慧体育场馆建设将进一步优化用户体验，推动全民健身服务迈向更高水平。

加快推进体育强国建设，必须顺应新一轮科技革命和产业变革加速演进的趋势。以 5G、Web3.0、区块链、元宇宙为代表的新一代信息技术，通过重构人、场地、设施与体育活动等要素之间的关系，为群众体育、竞技体育、体育产业发展注入强劲动力并拓展了广阔发展空间。科技日益成为推动其协同发展的关键驱动力。北京冬奥会、成都大运会和杭州亚运会上，创新科技应用不仅助力运动员在竞技场上突破极限，也为观众带来沉浸式观赛体验。科技进步不仅服务于竞技体育发展，也使大众健身指导更加便捷实用，助推一些竞技体育项目更趋亲民普惠。数字体育革命重新定义了运动场景，实现了物理空间与虚拟叠加空间的深度融合，显著提升了群众运动生活体验的丰富性。"体育＋科技"的有机联动促进了高科技与体育产业的深度结合，为体育产业高质量发展开辟新赛道，也为推动产业跨界融合创造了有利条件。

科技变革加速体育与健康深度融合，助力健康中国建设。作为国家强盛应有之义和群众健康生活方式的重要组成部分，体育在新时代承担着新的使命。《"十四五"体育发展规划》明确提出"推动全民健身与全民健康深度融合"的发展目标。在此背景下，科技在深化主动健康意识、推动健康关口前移、建立运动促进健康新模式等方面发挥着越来越重要的作用，使全体民众得以共享体育发展成果。通过研发智能可穿戴设备、智能健身器材以及智慧体育设施等科技产品，可以实现对人体各项运动数据的实时采集与分析，为大众提供个性化的科学健身指导方案和健康管理模式。这些创新应用打破了传统健身的空间与时间限制，推动健身方式向数字化、智能化方向转型升级，助力人们享有更加便捷、科学和健康的日常生活。同时，通过合理采集汇聚个体运动健康数据，运用先进模型进行管理和流通，并构建运动健康数据计算资源交易服务管理平台以及运动健康数字生态开放平台，可以在多场景应用中开展示范推广。这将有助于创新运动与主动健康服务模式，推动全民健康事业迈向更高水平。

科技进步也为绿色体育发展注入新活力，促进实现可持续发展目标。超低能耗、近零能耗体育场馆的建设和运营成为趋势，"碳中和"理念日益成为顶级赛事的标配。北京冬奥会采用新型二氧化碳制冰技术使效能提升 30％，使用可再生环保材料生产体育装备、器材、服装及吉祥物，充分展现了科技创新与绿色发展的高度融合。在新一轮科技革命和产业变革的历史交汇期，中国体育必须准确把握数字时代融合发展的重要机遇，推动体育领域的关键核心技术研发和创新应用。要围绕制约体育高质量发展的一些"卡脖子"问题，组织协同攻关，充分释放体育科技进步在构建体育发展新格局、拓展体育发展新空间、培育体育发展新动能中的巨大潜力。通过推动高新技术与体育运动的多领域深度融合，形成支撑体育创新发展的重要优势，持续推动体育事业实现更高质量的发展。

城市体育消费新场景的技术支撑主要体现在以下几个方面：第一是信息技术。互联网、移动终端、大数据等技术的应用，为场馆和运动设施的运营管理提供了更加智能化、高效化的解决方案，并为消费者带来在线体验、预约、购票等多种便捷服务。第二是认知技术。人工智能、机器学习等认知技术的应用，可以为场馆和设施提供智能监控、预警、管理和优化服务，同时为消费者提供更多专业、全面、优质的体育服务。第三是虚拟技术。VR（虚拟现实）、AR（增强现实）等技术的应用，极大丰富了消费者的运动体验，显著提升了场景的沉浸感和互动性。第四是物联网技术。通过部署各类智能感知设备，构建起覆盖场馆内外的智慧化管理网络，实现对设施状态、人流密度、环境参数等信息的实时监测与智能响应。第五是区块链技术。在赛事票务、运动员成绩认证、体育版权保护等领域发挥重要作用，保障数据安全和交易透明。第六是 5G 通信技术。提供高速率、低延迟的网络连接，支撑 4K/8K 超高清视频传输、云直播等创新应用，提升观赛体验。这些技术创新正在重塑体育产业生态，推动体育消费场景不断升级，为城市经济高质量发展注入新动能。

第六章　城市体育消费新场景的培育路径

城市体育消费新场景通过智慧体育促进个性化体育消费、降低运营管理成本，有利于体育产业数字化升级。

第一节　闲置工业空间的体育空间转型

闲置工业空间的再利用指的是将废弃的旧厂房、工厂、建筑屋顶等进行改造，改建成体育设施。随着体育消费方式由实物消费向体验型消费扩展，体育产业也正从规模扩张转向提高质量和竞争力的方向发展。在应对消费升级和城市更新的过程中，体育服务综合体成为承载体育服务和体育消费的重要平台，受到广泛关注。体育服务综合体已逐渐融入人们的日常生活，成为现代体育综合体的重要组成部分。在此背景下，"享受生活"成为现代体育综合体的关键词。2019 年初，国家体育总局和发展改革委发布了《进一步促进体育消费的行动计划（2019—2020 年）》。该计划提出，通过建设各类体育综合体和加强便民体育设施建设，拓展体育消费空间。鼓励和引导利用废弃的旧厂房等现有设施进行改造，打造集健身休闲与商业服务于一体的体育综合体，以促进体育消费的发展。

随着现代城市的快速发展，可开发的空间变得越来越有限。有限的城市空间汇聚了大量人口，而人们对空间的需求也变得更加多元化。在北京市政府推进老城城市修补和生态修复的调研中，提出要充分利用老旧工业厂房，注入科技、文化、体育、传媒、创意等元素，实现华丽转身。在旧厂房转型升级的过程中，体育特色园区成为创新集群的重要支撑，大众参与式运动场馆模式也成为全民健康的重要实验基地。

朝阳区化工路五号曾经是一处老旧的陶瓷厂，产业腾退后一直处于空置荒废状态。博锐体育接手后，根据体育产业要求对项目进行了重新规划和施工改造，将其打造成为融合专业场馆、运动健身、体育培训、科技创新、休闲游乐为一体的创新型城市体育休闲地标。同时，该项目也成为北京厂房改造单体最大的室内体育场馆。如今被改造为 30000 平方米的超大型体育综合体，包含篮球、羽毛球、足球、棒球、排球、网球、攀岩、小轮车、射箭、搏击、冰壶等 30 余种运动项目，为周边居民提供运动健身休闲融合性服务。这正是旧厂房改造为体育消费空间的范式。

近年来，政府高度重视老旧厂区的发展，多个部门相继发布文件，鼓励将这些厂房改造成为体育综合体和多产业融合的场所。在《进一步促进体育消费的行动计划（2019—2020 年)》中，国家体育总局和发展改革委提出，通过打造各类体育综合体并加强便民体育设施建设，拓展体育消费空间。具体而言，推动废旧厂房等现有设施改造成集健身休闲和商业服务于一体的体育综合体，同时持续推进公共体育场馆的"改造功能、改革机制"两改工程，以增加体育场地设施和功能，打造更加完善的体育综合体。《国务院办公厅关于加快发展流通促进商业消费的意见》指出，要推动传统流通企业创新转型升级，鼓励经营困难的传统百货店、大型体育场馆、老旧工业厂区等改造为商业综合体、消费体验中心、健身休闲娱乐中心等多功能、综合性新型消费载体。

不难发现，近几年国内外有多个城市开始把利用率低的闲置工业空间变成体育的"热土"，把曾经的老旧厂房改造成文创空间或体育场馆。例如，美国丹佛市的库尔斯球场曾经是货运铁路站点，而后将其旧仓库改建成体育场馆、住宅设施、零售商店和办公楼，使该区域重新恢复活力[①]。随着城市化进程的推进，对破败老旧厂房进行适当改造，可以使其成为文旅产业的重要资源，为相关项目提供多元化的组合空间，甚至能够创造全新的产品以满足高空运动场地的需求。这些改造后的空间可规划为多元化的高空运动场所，进一步丰富体育综合体的功能。可以说，科技的进步与文化的创新共同推动了新时代体育空间的转型与发展。

随着我国居民对体育运动的需求不断增长，国家政策的支持以及改造思维的不断成熟，越来越多的老厂房被改造成体育综合体，焕发出新的生命力。例如，湖北鄂州市将电商物流产业园部分厂房改造为全民健身中心，现可开展篮球、羽毛球[②]、游泳等 19 项体育项目；上海翔立方体育综合体现已开展 23 个体育项目。这种综合体以"体育＋"或"＋体育"为核心，将旅游、休闲、会展、娱乐、文化演艺等多种业态和配套服务融合在一起，形成系列产业链，带动相关产

---

① GR ATTON C. Sport in the city, the role of sport in economic and social regeneration [M]. Routledge，2001.

② 陈元欣，时宵，杨金娥等. 闲置工业空间再利用促进城市体育更新研究 [J]. 体育学刊，2023 (3)：58—68.

业发展。即从体育角度探索多种运营方式，结合娱乐、餐饮、教育产业，建立全新商业模式，转变消费方式，提升专业化、规模化、智能化、社会化运营水平。为适应群众体育消费新需求，从大众普及型项目到时尚运动项目和中高端体育项目均有布局，增加了体育服务供给，提高了公共服务能力，带动更多的人参与到体育运动中来，提升个人魅力、家庭活力、社会潜力，推动生活方式更新。

将老旧厂房进行改造与规划，将成为推动体育消费升级的重要抓手，通过打造多元化运营模式，发展多层次的"体育＋"文旅产业。值得注意的是，在将老旧厂房改造成体育综合体的过程中，需要重点关注以下问题：如业态融合、文化传承与可持续发展等。当今，商业元素已成为改造项目的重要组成部分，为项目的可持续发展提供了有力支撑。因此，创新体育消费空间，推动城市商业综合体的转型发展，对促进体育消费的恢复与增长具有重要意义[①]。

第二节　商业空间时尚体育项目的嵌入

商业中心内嵌型体育消费新场景是指在商场内设置体育场地，引入体育综合体。为了有效满足公众多样化的体育消费需求，商业地产运营商迫切需要探索更多创新的体育消费新场景，打造更丰富的体育消费新空间，拓展更多元的体育消费新项目，为消费者提供更多选择并吸引他们前来消费。在全民健身热潮持续高涨背景下，购物中心已通过"商业＋体育"的发展模式取得显著成效。这种差异化经营战略不仅持续推进了体育消费创新，释放了体育消费潜力，更有效提升了项目的综合商业价值。在存量竞争时代，差异化经营已成为购物中心突破发展瓶颈、提升市场竞争力的关键。以"体育"为核心，购物中心对场内业态进行精细化垂直运营，既能突显项目特色，又能显著提升吸引力。一方面，丰富的体育业态可吸引大量体育圈层客群到访；另一方面，与体育业态有机结合的餐饮、零售、娱乐等配套服务能够满足更广泛客群的多样性消费需求，有效激发消费热情并提高到店率。构建以运动休闲为核心驱动的新型商业体，通过引入优质品牌的体育服饰、体育器械，以及篮球馆、羽毛球馆、网球俱乐部等大型运动场馆，不仅为区域周边消费者提供"体育＋生活"相融合的高品质消费新体验，也强化了购物中心的独特定位认知。这种创新模式既满足了消费者的多样化需求，也实现了项目的可持续发展。

深铁锦荟广场充分考虑片区内市民购物与运动两大核心需求，规划了约 5 万

---

① 吴陆牧，周琳，柳文. 改善消费环境激发回升动力［N］. 经济日报，2023-06-07（012）.

平方米的购物中心和 3.5 万平方米的体育公园。其中，购物中心以"运动休闲、时尚动感"为设计理念，打造了"运动风尚大街"和"生活写意步道"两大主题街区，并在品牌引进上突出"运动+家庭"属性，形成完整的产品体系。体育公园则配备了足球场、篮球场、网球场、羽毛球场等多元化的运动设施，同时设置攀岩墙和泳池等特色项目。园区内既有室内场馆为市民提供不受天气影响的运动体验，也有亲近自然的室外场地，充分满足不同人群的运动需求。此外，位于北京顺义区的潮流体育综合体"SS-ONE"项目，则专注于服务潮流青少年及家庭客群。该项目设置了"潮流运动区、运动主题餐厅、青少年运动区、潮流运动空间、青少年艺术区、健身休闲区、休闲文化交流区、灯光球场"等多个特色功能分区，建成后将为消费者提供包括室内高尔夫、击剑、攀岩、陆地冲浪等在内的多元化青少年潮流运动项目。

构建特色运动场景，以情感链接增强消费黏性。购物中心作为连接供给端与需求端的流通渠道和消费平台，打造消费新场景是其核心能力之一。独特的"场景力"不仅能满足公众日益个性化、多元化及体验式的消费升级需求，更是购物中心与消费者建立深度情感链接的关键纽带，有助于提升客流量和激发消费者的购物热情。在具体的运动场景实践中，面积较大的购物中心可利用室内或室外的闲置空间，打造篮球场、足球场、塑胶跑道等大众运动休闲场地。这种创新实践既能解决项目所在地社区居民缺乏运动场地的问题，又能丰富购物中心的业态结构，为高频访客及运动达人提供更完善的服务，从而实现客流量和销售额的双增长。

利用屋顶空间打造专业运动场。纵观商业地产市场，越来越多的购物中心开始利用屋顶空间建设多样性运动场地，这种创新实践既能突破传统室内场馆的局限，为运动爱好者提供更多元化的选择，如跑道、篮球场等设施；同时，也让人们在挥洒汗水的同时俯瞰城市风光，进一步提升运动的热情和兴趣，从而满足多样化健身需求。

上海前滩太古里在屋顶打造的 Sky Loop 天空环道，成为上海首个商场内的AI智能跑道。这条全长 450 米的智慧跑道通过人脸识别技术实时记录运动者的各项数据，帮助使用者更清晰地了解自身运动状况，并为他们提供科学的运动计划建议。同时，商场还在跑道沿线配备了智能更衣室和淋浴间等设施，进一步提升了运动体验的便捷性与舒适度。

重庆泽科·星泽汇在顶楼打造的天际运动场，面积达 1.7 万平方米，涵盖 4 个乒乓球场、3 个羽毛球场、1 个标准篮球场和 1 条环形天空跑道，是一个热门网红打卡地。据悉，该运动场免费向市民开放，运动休闲之余，市民可以俯瞰朝天门大桥、弹子石全貌的景观，有着独特的场景体验感。

杭州奥体印象城除了在屋顶打造了"天空之镜"这一网红景点外，还有篮球场与滑板街头文化区，以及 1 条长 400 米的彩色塑胶空中跑道，前来游逛的公众既可以运动、拍照、观景，也可以遛娃散步。

体育赛事走进购物中心。如今，越来越多的体育赛事选择在商场内举办，这种创新模式不仅为市民提供了全新的体育消费场景，还通过放大赛事的溢出效应，有效提升了商场的人气和独特主题特色。同时，赛事活动还能推动场内品牌与赛制联名合作，进一步提升品牌的曝光度和购物中心的整体吸引力，激发更多消费活力。

2016 年之前，北京龙湖长楹天街已是国内首家引入"全美高中篮球巡回赛博纳野马队中国区招募赛"的商场。这一举措使得北京龙湖长楹天街成为拥有专业篮球测试体验的商场，为顾客提供了独特的购物体验。2016 年，"金鸡湖论剑"长三角击剑公开赛在苏州工业园区久光百货一楼开赛，数百名小剑客为现场观众呈现了一场场精彩对决，不仅提升了商场的人气，也增加了公众对击剑运动的兴趣。近年来，体育赛事进驻商场的现象越发普遍。例如，2022 年长三角一体化城市轮滑联赛（高新区站）、苏州滑冰公开赛、第八届青少儿魔方大赛等赛事均在商场内进行。而在 2023 年 4 月 29 日至 5 月 1 日，成都街头篮球全能赛大悦城站成功举办，据赛事负责人介绍，这三天的比赛共吸引了近两万人次到场观赛。同样，2023 年上海飞镖黄金联赛的主办方选择在宝山日月光购物中心进行首场揭幕战，旨在通过体育赛事促进市场消费，打造宝山人民独有的"体育夜经济"。

公众的消费趋势会随着时代发展不断转变，其热衷的运动项目和场景也在不断演变。例如，居家健身的兴起就削弱了公众前往专业场地健身的热情。如何利用"体育+"为商业项目带来持续的客流量和销售额，是行业人士需要持续思考和探索的问题。

在全民健身热潮和消费升级的双重推动下，体育消费已成为主流消费方式。力求覆盖消费者"生活方式"的商业地产商自然也看中了其中蕴藏的商机，纷纷布局体育经济，将体育运动业态融入其商业项目。

而购物中心的巨大体积和强大兼容性也让对面积和环境要求较高的体育业态打破了边界，陆续入驻。"体育+商业"成为购物中心的新趋势。随着体验经济理念的传入，商业地产开始注重为用户提供极致的消费体验。为了避免同质化竞争，商场纷纷尝试不断创新运营模式，引入更丰富的业态。此外，随着"90 后"和"00 后"逐渐成为消费主体，购物中心的体育业态也随之悄然发生变化。除了传统的健身房和瑜伽馆外，攀岩、射击、射箭等热门项目开始涌现，就连对场地要求严苛的篮球、足球、马术、滑雪、卡丁车等户外运动也能够在购物中心体验到。

国家发展改革委、体育总局联合印发的《"十四五"时期全民健身设施补短板工程实施方案》提出，到 2025 年，全国人均体育场地面积要达到 2.6 平方米以上，全民健身场地设施更加公平可及，户外运动公共服务设施逐步完善，群众"健身去哪儿"的问题将逐步得到解决。此外，2019 年国务院印发的《体育强国建设纲要》也指出，到 2035 年，体育产业将发展成为国民经济的支柱性产业。

国家政策的持续推动使得体育逐渐成为一种生活方式，融入群众的日常生活，并由此引发了多种类型商业运动场所的需求增加。随着城镇化建设的推进，社会生活与城市空间日益融合，体育业态加速进入购物中心，甚至出现了以体育为引领、整合餐饮和购物等产业的体育综合体不断涌现。

商业地产和体育的结合，首先看重的都是对方在获客及用户留存方面的能力。相较于单独租赁场地，购物中心庞大的人流量更有利于体育业态获取新玩家。例如，北京地区的数据显示，2021 年北京有 447 个购物中心，日均客流量为 1.66 万人，这为体育业态辐射更广泛的人群提供了便利。

对于购物中心而言，篮球、攀岩等极具观赏性的体育业态能够为其聚集人气；而卡丁车、蹦床、射箭等具有娱乐性的体育业态，则能为消费者带来独具特色的体验式消费感受，吸引客群，使其在流量争夺战中占据先机。

值得一提的是，目前购物中心的体育业态多以体育培训为主。商圈的自然流量不仅能帮助培训机构拉新，同时，购物中心的丰富业态也满足了家庭的一站式消费需求，使得培训机构的用户转化为商场的高黏度用户。

由此看来，体育业态可以与购物中心形成互动效益，实现双赢。

尽管"体育＋商业"的模式能让体育与购物中心相互助力，但这并不意味着可以一劳永逸。如果经营不慎，双方都将面临巨大的亏损风险。

首先，进入购物中心，体育业态首先要面对高昂的租金成本。如果商业地产端无法有效提供目标客群流量，品牌的获客成本也会相应上升。因此，体育业态在选址时需要对商场周边的用户画像、需求及配套设施进行调研，以此判断入驻成本并制定相应的运营计划。

其次，品牌需要不断完善自身的商业模式和运营模式。如今，消费者对服务内容和体验的要求越来越高。品牌必须通过优质的内容和服务获取足够的用户留存，并提升引流能力，从而在与商业地产方的谈判中占据优势。同时，品牌也可以积极参与购物中心的优惠推广活动，增加曝光度。

此外，品牌还可以将目标客户扩展到青少年群体。根据国家体育总局统计数据显示，我国参与体育消费人数比例最高的两个年龄组是 3－9 岁和 10－18 岁，分别为 53.4％和 48.6％，这表明家长对儿童、青少年体育消费的支持力度较高。而这类具有高消费力的家庭正好与购物中心的目标人群相匹配。

在引入合适的体育业态后，购物中心需要掌握此类消费人群的衍生需求，促进品牌间的异业合作，提供配套业态和增值服务，从而形成聚合效应，提升整体利润。

可以预见，作为体验感极强的新兴业态，体育将会成为未来购物中心不可或缺的竞争优势。但两者只有在互相合作中保持步调一致，才能实现合作共赢。

体育本身具有双重性质：一方面是大众健身，增强人民体质；另一方面是娱乐享受等功能，具有很强的消费性质。[①] 时尚体育项目的消费逐渐嵌入特定社会情景的商业空间，人们的生活模式也随之发生了巨大变化。在工作压力日益增大的一二线城市中，自带社交属性的运动娱乐对人们吸引力越大。嵌入理论指出，个体行为总是嵌入于社会情境之中，并反映其所嵌入的社会情境特征[②]。在当前社会背景下，将体育运动与商业运营相结合，可以同时满足消费者对高品质体育设施的需求，以及对娱乐休闲、精神生活等的追求。这种趋势符合人们将运动融入生活的健康理念，因此体育运动逐渐成为商业运营的主流。

全民健身时代下，人们对自身体质的重视推动了体育行业的迅猛发展，商业地产运营商也看到了其中的机遇。如今，我们看到购物中心与体育公园相结合，或在商业项目中提升体育运动业态占比，或围绕"运动"主题开展营销活动。"体育IP+商业"正逐渐成为购物中心新的主流趋势。从商业市场的发展来看，随着消费者对运动品牌的消费意愿不断增强，体育运动业态在商场的占比也在攀升。如今，购物中心内覆盖的体育运动业态除了常见的零售、健身中心、瑜伽馆外，更有攀岩、马术、射击、篮球场、足球场等强体验性项目。"体育运动作为最常见的全民竞技活动，能在最短时间内聚集庞大人流，为商场制造商机，故而能够成为购物中心的吸客利器。"依据物质决定意识的原理分析，居民对体育消费体验过程的评价，在很大程度上取决于供给环境的质量。供给环境对消费体验具有决定性作用，关系到消费者是否持续消费的再选择，这也对商场服务企业的供给提出了更高的要求[③]。在商业中融入体育，不仅能够满足消费者强身健体的需求，还为热爱运动的人们提供了一个社交平台。

① 饶远，许惠玲，许仲槐. 对我国西部少数民族体育产业化开发理念的新认识 [J]. 上海体育学院学报，2002 (3)：15—18.

② 田虹，杨洋，刘英. 基于SEM和HLM的体育消费心理模型研究——社会分层调节作用 [J]. 天津体育学院学报，2014 (29)：296—303.

③ 郑和明，张林. 城市居民参与型体育消费需求因素系统结构机理研究——基于上海市的实证分析 [J]. 天津体育学院学报，2017, 32 (1)：81—86.

第三节　体育服务综合体体育消费集成

　　体育服务综合体是指在城市园区内修建大型体育设施集群，以满足多元化体育消费需求。近年来，随着体育产业的蓬勃发展和商业形态的持续创新，体育综合体作为一种新型载体逐渐受到关注并成为热门开发领域。体育服务综合体作为体育产业发展的重要依托之一，不仅能够满足家庭式消费群体的需求，更能通过消费带动整个体育产业链条的快速增长。

　　早在 2014 年的《关于加快发展体育产业促进体育消费的若干意见》中就明确提出，应以体育设施为载体，推动体育与住宅、休闲、商业等领域的综合开发，打造城市体育服务综合体。此后，一系列配套政策陆续出台，进一步鼓励和引导各地开展体育综合体项目的探索与实践。

　　在商业地产持续升级和激烈竞争的背景下，如何通过引入新业态丰富内容并提升线下人流及场景活力成为一大挑战。对于地产开发商而言，在项目规划阶段提出新型业态的综合体概念，往往能够在土地竞拍中获得一定优势。体育综合体的概念是：依托大型商业项目，以体育为核心引领，将餐饮、娱乐、购物等产业进行深度整合与有机融合，按照综合体运营思路，打造满足大众综合性需求的线下消费场景。具体表现为项目的综合化定位、家庭消费模式的多样性以及全方位的服务体系。在此定义中，最关键的因素并非体育本身，而是其与多种业态的结合能力。从这一角度出发，体育元素、相关内容和主题仅仅是构建体育综合体的必要组成部分之一。要实现有效的规划和运营，需要基于合理的业态分布、各生态系统的相互导流，同时考量项目所处的外部环境条件，包括辐射人口数量、区域经济水平、交通便利性、公共配套设施完善程度以及文化特性等因素。

　　曾参与 2000 年悉尼奥运会和 2012 年伦敦奥运会主场馆设计工作的罗德·希尔德（Rod Sheard）先生，在 2005 年就提出了关于体育场馆发展的五代进化理论。根据其理论，第五代体育场馆将更深度地融入城市及社区的日常生活，并与沉浸式商业形态有机融合，形成以场景化、互动性和体验性为核心的文化特征。这些场馆不仅能服务于体育活动的需求，更能满足消费者的深层次精神追求。

　　线下体育场景与社会的结合，在欧美国家的载体是第五代体育场馆。但在中国，这一场景的实体呈现则是体育综合体。这类项目通常需要具备以下几个维度的功能：① 体育属性功能：包括但不限于体育运动参与、体育教育培训、群众体育赛事承办、体育用品装备购买以及体育娱乐观赛等。② 消费功能：涵盖餐饮、零售、电影、休闲娱乐、美容美发、酒店住宿等功能。③ 社会功能：包括公益活动举办、公共活动空间打造、商业办公场所提供、医疗资源引入、公共交通设施优化、精神文明建设加强、居民幸福感和健康指数提升等。④ 经济功能：发挥促进经济发展的作用，如吸引投资、引进新兴消费业态、解决就业问题等。

主流的体育综合体可分为两类：地标性体育综合体和社区型体育综合体。由于区位、辐射人群及消费力等因素的影响，这两类综合体的功能定位存在显著差异。地标性体育综合体通常需满足举办专业赛事、文化活动及商业演出等多功能需求，同时对其内部的交通组织和人群集散效率提出较高要求。相比之下，社区型体育综合体更侧重于提供健身运动、基层赛事参与以及青少年体育培训等服务。其规模大小、商业配套的引入标准以及业态布局策略均与地标性综合体存在明显差异。

"体育服务综合体"已成为体育产业中的新兴概念。这一概念旨在最大程度满足人民群众日益增长的体育健身需求，通过合理优化场地利用，突破空间局限，推动横向与纵向发展，从而增强体育服务的综合功能。2013年10月，《体育总局等八部门关于加强大型体育场馆运营管理改革创新 提高公共服务水平的意见》发布。该文件指出，"有条件的场馆应积极拓宽服务领域，延伸配套服务内容，大力发展体育旅游、会展、休闲及文化演艺等多种业态，在确保公共体育场馆性质不变的前提下，打造特色鲜明且功能多元的体育服务综合体和产业集群。"《国务院办公厅关于加快发展健身休闲产业的指导意见》明确指出，鼓励将健身休闲设施与住宅、文化、商业及娱乐项目进行综合开发，建设具有多功能的健身休闲服务综合体。这些相关政策文件均明确了推动"体育综合体"发展的战略方向。

在现代经济生活中，体育场馆不仅承担着体育活动的基本功能，还逐渐成为人们聚集的重要场所。因此，体育场馆逐步发展为城市体育消费综合体，这标志着行业发展的必然趋势。全国各地纷纷出台相关利好政策，在规划中寻求突破，并通过不断探索实现优化配置。打造具有中国特色的体育服务综合体，旨在为人民提供体育锻炼、休闲娱乐及康养服务[①]。其核心目标是满足不同人群多样化的健身运动需求，同时依托良好的城市基础设施和相对繁华的商业街区，为消费者创造一体化的健身运动场所。通过场景的多元化融入以及各类健身形式的多样化呈现，能够更好地激发消费者的参与热情，也将运动活力更广泛地注入城市生活。体育服务综合体作为消费升级时代的重要创新产品，尽管目前仍处于探索阶段，但从实践成果可以看出，民间对体育休闲消费的需求极为旺盛。以零售服务为主力业态的传统商业综合体逐步走向衰退，大量建设的城市配套设施缺乏产业

---

① 张震，董晨，杨文刚，等. 中国特色体育服务综合体建设路径研究［J］. 体育学刊，2023，30（2）：57—62.

支撑,而体育综合体的出现不仅标志着城市消费升级、运动服务行业的蓬勃发展,也预示着房地产产业发展方向的重要转型。

体育消费综合体实际上是城市文体综合体的一种形式,它以文化生活和体育休闲为核心,在城市区域内构建了一个多功能的建筑群。整个区域不仅在工作时间充满活力,即使在非工作时段也展现出蓬勃的生命力。作为城市文体综合体的核心部分,体育场馆能够满足城市活动中心对高效办公、品质化日常生活以及多元消费需求的综合要求,实现城市功能的有机融合与提升。

近些年,国内许多城市正在积极推进体育产业的数字化与智慧化转型。成渝地区双城经济圈的城市需要抓住数字体育产业深化发展阶段带来的新机遇和红利释放窗口期,加快推进产业转型升级,强化居民健身设施的数字化赋能,推动体育各领域与新技术、新动能深度融合,创新生产和服务方式,通过数字体育赋能体育消费新场景的建设与发展。产业数字化是通过数字技术与实体经济深度融合,以技术创新为驱动,促进多元主体协同合作,构建新型产业结构的过程[①]。要加快推进运动健康智能产业集群的发展,推动体育制造企业加大创新力度,鼓励行业领军企业应用大数据、云计算、物联网、区块链和人工智能等数字技术,加快推动企业从研发设计到生产加工、经营管理及销售服务的全链条数字化升级,支持建设智能生产线、数字车间和未来工厂,探索智能制造等创新模式,培育新的产业增长点和支撑点,最终形成具有核心竞争力的体育创新集聚区。

2021年,国家体育总局在《"十四五"体育发展规划》中明确提出要强化数字要素驱动作用,持续激发体育消费市场活力。同年,国家体育总局办公厅印发《关于体育助力稳经济促消费激活力的工作方案》,加快推进相关领域政策法规的制定与落地。通过数字化技术全面升级健身中心、体育公园等公共体育场馆的运动体验,着力打造更加便捷的"15分钟健身圈"。推动体育数字服务平台建设与投入使用,打造一个包含大众体育健身服务、场馆信息化服务、赛事活动服务等在内的全市性体育信息服务平台,实现数据集成和一网通办。鼓励发展线上与智能体育赛事活动,如电子竞技、云赛事和虚拟运动等新兴项目,突破传统体育对场地空间的依赖,推动市民体育健身和消费的数字化、便利化和智慧化。加快数字基础设施建设,推动数字体育产品和服务的升级迭代,充分发挥数字经济的赋能作用,促进信息技术与居民体育消费的深度融合[②]。

当下,国内体育服务综合体的数量逐渐增多。结合国外相关案例及国内实际情况,这些经验对体育综合体的开发运营者具有重要的借鉴价值:需要注重发掘

---

① 柴王军,李杨帆,李国,等. 数字技术赋能体育产业高质量发展的逻辑、困境及纾解路径 [J]. 西安体育学院学报, 2022, 39 (3): 292−300.

② 沈克印,林舒婷,董芹芹,等. 数字经济驱动体育产业高质量发展的变革机制与推进策略 [J]. 体育学研究, 2022, 36 (3): 46−59.

城市可用空间；需要探索"体育＋服务＋健康"等多元业态的融合模式，从而形成资源高效整合、功能互补发展的聚合效应。

第四节 技术赋能城市体育消费新场景

进入 21 世纪以来，层出不穷的新兴科技不断重塑着各行各业的发展格局。云计算、大数据、可穿戴设备、移动互联网、社交媒体等技术的广泛应用正在全方位地推动体育行业的变革。无论是球迷观赛体验、运动员参赛方式，还是赛事传播与营销模式，都在发生显著变化。

一、比赛场地的高速网络以及 APP

在球场引入高速网络及应用程序，不仅能够满足观众需求，还能为球队创造额外收益。基于网络产生的海量数据，球队可以分析消费者的偏好并推出符合消费者需求的定制化产品。同时，技术的应用也在一定程度上提升了赞助商品牌的可见度，从而推动了球场赞助收入的增长。然而，尽管技术的引入为体育消费带来了诸多便利与创新，但也伴随着一系列挑战，例如网络安全风险、设备维护成本以及用户体验优化等问题。因此，在追求技术创新的同时，需要权衡其带来的收益与投入的成本，确保技术和运营能够实现最优匹配。

二、球员数字化

球员数字化对提升球员能力发挥了积极作用。然而，过于依赖数据评价球员可能会忽视一些难以量化的关键能力。部分球员工会担心这类工具可能侵犯运动员权益。毕竟，竞技体育的魅力在于其不可预测性，比赛中临场发挥常带来意外之喜。对于观众而言，比赛若失去悬念，热情可能随之减弱。

三、转播方式的创新

以数字化为基础、网络化为支撑、智能化为核心的智能体育正成为体育消费的新热点。它逐步释放产业潜力，不仅满足竞技体育的需求，还在全民健身和运动社交等领域推动体育市场向更高水平发展。

近年来，智能体育逐渐融入人们的日常生活，大众参与和享受体育的方式更加多样化，政策红利也在持续释放。《全民健身计划（2021—2025年）》提出要推进体育产业的数字化转型，鼓励体育企业"上云用数赋智"，并推动数据赋能全产业链的协同转型。

随着近年来国家对体育发展的高度重视，体育产业接连迎来政策扶持，智能体育也因此获得新机遇。《国务院办公厅关于加强全民健身场地设施建设发展群众体育的意见》明确指出需推动"互联网＋健身"发展，并提升全民健身公共服务智能化、信息化和数字化水平。智能体育市场已成为行业关注的焦点。

在智能化转型的风口下，通过"互联网＋"进而实现健身运动的最大价值，将运动健身与智能化资源整合，同时也带给运动健身者别具一格的新体验。大量垂直领域的运动App涌现并推出各种健身达人教学视频和健身基础的学习课程，打造全面的个性化健身指南。

此外，相关技术专利储备正在加速布局。继华为完成"为鉴"品牌注册并公布健身相关专利后，早已通过投资爱动健身布局市场的小米也完成了健身设备的商标注册。甚至此前一直低调的百度也被曝出已掌握智能健身相关的多项技术专利储备。实际上，推动体育产业高质量发展不仅需要满足体育新消费需求，还需加速推进体育领域的改革创新与智能化进程，为我国体育事业的发展注入新的活力与动能。

智能体育市场的快速增长潜力已引起资本市场高度关注。根据2020年至2021年健身行业的投融资数据，中国民众的健康意识持续提升，对健身需求不断增加。居家健身领域发展迅猛，数据显示，在家庭健身领域，互联网健身及智能健身方向的融资占比高达整体健身行业的27%。

消费者对健身消费的投入持续增长。根据中国体育用品联合会发布的《2020年大众健身行为和消费研究报告》，63%的受访者在过去一年增加了体育服务类消费，而44%的受访者表示其健身支出高于往年。在此背景下，2020年中国健身市场的投融资活动显著增加，接近一半的企业融资金额达到千万元级别，另有9笔融资超过亿元。例如，专注于健身器材制造的舒华体育于2020年12月成功在上海证券交易所上市，募集到3.64亿元资金。此外，Keep、乐刻等知名健身品牌也宣布了数亿元规模的融资消息。

此外，华为、荣耀、小米、OV、B站、联发科等多家科技巨头对智能健身产品领域表现出浓厚兴趣。据不完全统计，这些企业中，有的已开始布局，有的则计划进入这一市场。面对如此庞大的市场潜力，智能健身行业已成为科技巨头们竞相角逐的热土。

上海体育学院发布的《2021年中国健身趋势》报告显示，86%的受访者愿意投入更多时间与精力用于运动，80%的受访者计划增加健身活动相关消费。事实上，我国智能健身市场仍处起步阶段，各厂商的产品销量仍有待提升，用户认知尚未完全形成。尽管市场规模尚小，各界仍对其前景持乐观态度，普遍认为在全民健身计划为体育产业带来的 5 万亿元红利中，智能健身将占据重要份额。

随着《计划》的公布，我国体育产业迎来了前所未有的政策利好。特别是在智能健身这一新兴领域，不仅催生了像 FITURE 这样的独角兽企业，还吸引了华为、小米、荣耀、OPPO、百度等科技巨头的积极布局，与此同时，在线健身领域的传统势力如 Keep、咕咚、乐刻也在持续发力。这些巨头的相继入局，势必会进一步加剧这一领域的市场竞争。对此，业内人士指出，智能健身的核心依然是内容服务，即便是华为、小米这样的行业巨头，也需要在内容建设上寻求突破。健身行业是服务业，这是大家早已形成的共识。智能化作为技术手段，其发展方向应以满足健身爱好者的需求为核心。然而，不同用户的多样化需求也意味着，品牌方在开发智能应用时必须深入考虑用户体验。

智能健身市场潜力无限，核心在于解决用户的实际需求。纵观整个行业，各大智能健身品牌不仅大力投资于高品质硬件的研发，同时也倾注了大量资源用于课程内容的开发。从华为到小米，市场上汇聚了顶尖科技企业和创新品牌。生活水平的提升以及智能化健身理念的普及，使得体育运动日益融入日常生活中，从而推动智能体育行业迈向更广阔的发展空间。鉴于健身行业的独特性质和构建综合性服务体系的挑战，并非所有参与者都会迅速出局。但那些缺乏核心竞争力或采取模仿策略的企业，未来可能会由于自身短板而逐渐被淘汰。谁能脱颖而出成为行业的领导者，最终将由市场竞争的结果来决定。展望未来，在消费升级的趋势下，只有持续增加研发投入和资本投入的企业，才能在体育经济的竞争中占据优势。

第五节　居民身边空地的体育场地改造

利用居民身边的空地进行体育场地改造，即所谓的"金角银边"改造，其目标是构建便捷的"15 分钟健身圈"。与数量有限的大中型体育场馆相比，"金角银边"改造更注重开发城市中零散分布、适合开展体育活动的小型闲置空间。通过对这些场地进行科学的规划与开发，能够有效提升其利用率，为市民提供多样且高质量的运动空间。"金角银边"一般指的是在城市发展中因规划调整或其他因素而形成的一些小型、分散且功能性较弱的城市空间。这类场地因规模较小、分布零散等因素，通常不适宜进行大规模开发，导致许多区域长期处于未被充分利用的状态。近年来，随着全民健身理念的不断深化和推广，如何有效挖掘和利用这些"金角银边"空间已成为社会各界关注的重点。

以成都市高新区盛华社区运动角为例，该运动角由原楼盘售楼部改建而成，位于天府二街"源动力·潮盛华"文体活动中心内。活动中心以"健康＋运动"为主题，集便民服务、健身、休闲、学习、文化、娱乐于一体，总面积达 23 333 平方米。运动角内的设施包括：2 片色彩鲜艳的篮球场，1 个国球馆乒乓馆（内设 8 张球桌），4 张冰壶球桌，2 片气排球场，1 片飞镖场地以及 8 个飞镖靶。这些设施充分利用了社区运动角集老中青运动项目场地为一体的综合优势，为居民提供常态化的运动健身服务。在杭州市萧山区，嵌入式体育场地设施建设巧妙利用空间资源，不仅实现了体育公共服务的优质共享，还提升了群众在体育健身方面的获得感和幸福感。目前已建成钱江世纪城体育公园、江南之星北侧绿地公园和新塘高铁体育公园等多个项目。钱江世纪城体育公园是一座位于高铁桥下的嵌入式体育场所，东邻利群河，北靠利华路，沪昆线由东北向西南将此处围成一个三角形。公园总占地面积 17 255 平方米，其中高架桥正下方设计为大型体育场，面积约 3 000 平方米，设有 2.5 个篮球场、1 个羽毛球场和多个乒乓球台。江南之星北侧绿地公园紧邻北塘河，总面积达 24 400 平方米，是一座嵌入式体育场所。新塘高铁体育公园位于南秀路以北、道源路以南，总面积 51 588 平方米。作为浙江省首个成功开发利用高架铁路桥下空间的试点工程，该公园涵盖沪昆高铁、杭甬高铁和杭黄高铁等 6 条高铁及 2 条铁路线，是省内目前最大的铁路交会点。该项目最大化发挥了功用性，设有慢行步道、休闲广场、篮球场、羽毛球运动场等多元化的活动场地。

作为墨尔本市公路与铁路平交道口拆除项目的组成部分，澳大利亚墨尔本 Sky Rail 社区活动公园的设计理念源于对铁路走廊与城市生活之间脱节的关注。此前，这片高架桥下的区域仅被视为杂草丛生的绿化带，显得呆板且资源浪费。因此，在项目改造过程中，设计团队巧妙利用了高架桥下空间的独特优势，保留其原有的质感，融入鲜明色彩和流畅动线，成功将其转变为活力四射的 Sky Rail 社区活动公园。这一转变不仅将原本无法使用的公共区域转化为可供社区共享的新空间，还在铁路线下构建了一个连贯的路径网络。沿铁轨分布的社区活动站点提供了丰富的运动场所及娱乐设施，而色彩鲜艳的设计则赋予了该区域独特的动感和高度识别性，使其成为城市环境中一道充满生机的风景线。Sky Rail 公园无缝融入城市环境，欢迎所有身份的人群在此活动，为社区注入新的活力。

美国马萨诸塞州北剑桥的 Danehy Park 在改造前是一个堆放固体垃圾和废旧建筑物残骸的闲置场所，长期无人管理。为了开发这片被遗忘的空间，并为城市新增体育运动场地，以 CDM（Camp Dresser & McKee）公司为首的设计团队对这一区域进行了重新规划。改造完成后，占地 55 英亩的 Danehy Park 成为了一个多功能体育公园，配备了丰富的设施：包括 2 片综合运动场、2 片儿童游乐场、2 片戏水池、4 片英式足球场、3 片垒球场、1 片棒球场、3 片篮球场，以及步道和户外健身器材等。此外，园区还设有野餐区（Picnic Area）和烧烤架（BBQ Grills），满足了市民对体育锻炼与休闲娱乐的双重需求。自投入使用以来，Danehy Park 不仅为社区提供了多样化的运动场所，更成为居民享受户外时光的理想去处，充分满足了大众对健康生活的向往。

迈阿密带状公园（The Underline）的前身是地铁桥下空间，在改造前由于缺乏规划与管理，导致人流量稀少、环境脏乱，并存在一定的安全隐患。为了改善这一状况，非营利组织 Friends of The Underline 联合希望拥有更多绿带和安全行路空间的社区居民发起了募资计划。该计划旨在将从北端迈阿密河附近的布里克尔大街延伸至南端达德兰地区，途经 8 个车站、长达 16 千米、总面积高达48. 56 公顷的区域进行改造。目标是将其打造成为沿线社区居民生活和体育运动的理想场所。公园规划分为三个阶段，其中最北端、长 0.8 千米的 Brickell Backyard 已于近期完成。

通过上述案例对比可以看出，在体育运动场地"金角银边"的开发与利用方面，国内外各有优势。双方都结合自身特点开展了特色化实践，并取得了良好的效果。

一、国内城市有着更系统的政策规划统筹

与国外城市体育运动场地"金角银边"开发与利用多由地方政府、社会企业或民间组织发起相比，国内相关工作具有来自国家层面更系统的政策规划作为统筹。

《国务院办公厅关于加强全民健身场地设施建设发展群众体育的意见》提出："要系统梳理可用于建设健身设施的城市空闲地、边角地、公园绿地、城市路桥附属用地、厂房、建筑屋顶等空间资源，以及可复合利用的城市文化娱乐、养老、教育、商业等其他设施资源，并制定向社会公布的可用于建设健身设施的非体育用地和非体育建筑目录或指引。"

中共中央办公厅、国务院办公厅印发的《关于构建更高水平的全民健身公共服务体系的意见》提出："老城区要结合城市更新行动，鼓励运用市场机制盘活存量低效用地，增加开敞式健身设施。新建城区要结合城市留白增绿，科学规划社区全民健身中心，建设与生产生活空间相互融合、与绿环绿廊绿楔相互嵌套的健身设施。"

在上述政策措施的引导与支持下，各地将能够在政策鼓励范围内，更有针对性地开展体育运动场地"金角银边"开发与利用策划，为促进全民健身发展提供强有力的支撑。

二、国外案例在内容设计上更加丰富

通过案例对比可以看出，国内场地设施仍显缺乏。相关城市体育运动场地"金角银边"的开发与利用主要围绕拓展场地设施资源和服务于群众体育健身的规划与建设，项目建设成果主要是各类体育运动场地的打造。

而在国外案例中，体育运动场地通常是"金角银边"开发与利用的一部分内容。同时进行规划设计的还有儿童娱乐、户外休闲和餐饮服务等功能，使得项目内容更加丰富多彩。项目建成后，大众不仅可以在场地中进行体育锻炼，还能享受多样化的特色服务，这显著增强了项目的吸引力，吸引更多人群前来体验和消费。

三、国内外项目规划"点""带"思路明显

通过国内外案例可以看出，国内体育运动场地"金角银边"开发与利用规划主要围绕具体的"点"展开。这些项目通常针对某一个具体地点，充分利用其地形优势，通过设施建设改造和规划设计，将其打造成为覆盖一定范围的地标性"点状"体育运动场所。

而在澳大利亚墨尔本 Sky Rail 社区活动公园和美国迈阿密带状公园（The Underline）中，项目规划主要围绕"带"展开。Sky Rail 社区活动公园长达数公里，特色在于其邻里、地方和社区的"激活节点"。另一方面，迈阿密带状公园（The Underline）旨在串联起长达 16 千米、总面积高达 48.56 公顷的带状区域。

从最终成效来看，"点"与"带"的思路差异并未显著影响国内外体育运动场地"金角银边"开发与利用的效果。这一现象主要源于国内外实际情况的不同：国内由于场地数量较少，着重于具体场地建设；而国外因体育场地相对较多，更注重通过点位统筹和项目内容的协同发展，以提升沿线社区与居民的生活便利性。以上措施与做法均符合所在地的实际发展情况，因此都取得了良好的成效。

根据上述案例对比与分析，笔者对未来国内体育运动场地"金角银边"开发与利用提出以下三方面建议：

（一）全面开展"金角银边"空间调查与统计

做好体育运动场地的"金角银边"开发与利用，首要任务是全面掌握城市"金角银边"空间的具体规模和实际状况。建议各城市在国家相关政策的引导与

支持下，系统性地开展对城市内"金角银边"空间的调查与统计工作。在实施方式上，既可以委托专业调研机构进行全面的实地走访与勘查，详细统计"金角银边"空间的数量与具体情况，也可以采用"有奖申报"的模式，鼓励广大市民通过上传定位、现场照片等方式提供线索，为后续的详实走访、勘查、开发与利用奠定坚实基础。

（二）丰富场地服务内容，预留更多更新的灵活性

与过去体育运动场地"金角银边"开发与利用侧重于拓展场地设施资源相比，建议未来在规划设计上进一步丰富项目服务内容。例如，在满足体育健身需求的基础上，可以参考国外的成功案例，在项目中设置专门的宠物关爱区、儿童娱乐区和休闲美食区等区域，提供多元化的服务内容，推动体育与其他消费领域的融合发展，从而吸引更广泛的人群前来体验与消费。

此外，为了更好地挖掘"金角银边"的潜力并减少重复建设带来的资源浪费，建议在规划设计阶段提前预留更新的灵活性。例如，在确保安全的前提下，多采用可拆卸、易迁移的体育健身设施，以便在需要时实现低成本迁移。同时，在成本可控的情况下，对项目中尚未明确用途的区域预先配置基本的水、电和网络等基础设施条件，以减少未来建设中的重复施工成本。

（三）在省、市层面开展体育运动场地"金角银边""带"状规划

"点"状分布的体育运动场地在建设和投入使用后，其自身功能通常能够得到充分发挥。然而，要想进一步挖掘这些场地的运营潜力，必须注重场地间的联动与协同。因此，建议在各省、市层面开展体育运动场地"金角银边"的"带"状规划工作。以地理位置接近的"金角银边"空间为例，可以通过建设步道和骑行道等"硬性"连接设施，强化空间的整体性和连续性；而对于地理位置较远的空间，则可以采用"体育健身护照"的模式，鼓励群众通过打卡参与的方式，形成运营上的"软性"联动机制。在规划的关注点上，市级层面应着重推动"连线成网"的建设，重点促进城市内部"金角银边"场地的协同运营和整体发展；而省级层面则需要注重"聚线成面"的整体布局，统筹规划全省范围内体育运动场地"金角银边"开发与利用，为不同地区赋予独特的功能定位，最终形成各具特色、充满活力的省级"体育运动带"，从而为推动全民健身事业提供坚实的服务保障。

第六节　合理规划公园体育消费新场景

合理规划公园体育消费新场景是指在公园中科学布局绿道、足球场等设施，并建设复合型体育场地。作为全民健身和体育消费的重要载体，近年来体育公园的建设和运营得到了中央和地方政府的高度重视。如何根据不同类型体育公园的特点进行建设与运营，以更好地满足群众健身锻炼需求和体育消费新需求，是未来体育公园发展必须回答的关键问题。

体育公园是集体育健身为核心要素的绿色公共空间。体育公园建设是构建更高水平全民健身公共服务体系的重要举措。根据《国家关于推进体育公园建设的指导意见》，体育公园的定义具有较强的开放性，强调各地应因地制宜、实事求是地进行合理布局。然而，这种开放性的定义也导致了体育公园概念的相对模糊和宽泛。那么，在不考虑依托自然风光的非城市建设区域的情况下，国际都市建成区中体育公园的典型类型主要有哪些？如何针对其特点展开高效的建设运营？

一、依托体育赛事场馆建设的体育公园

依托体育赛事场馆建设的体育公园，主要目的是承办奥运会、亚运会和其他高级别专项体育赛事，并继承大型赛事的 IP 遗产。此类体育公园设置有用于高规格比赛的体育设施，以及大规模、多样化、高品质的景观绿地和游憩区域，具有较高的知名度。在承办赛事和服务大众健身的同时，此类体育公园还兼具专项体育训练和游客观光打卡等功能。该类型体育公园前期建设投资较大，且后期运维成本较高，需特别注重赛时和平时的双重利用效率，以确保经济效益与社会效益实现长效平衡。因此，此类体育公园通常配备了高水平的专业团队来负责前期策划与后期运营管理。

英国伦敦的伊丽莎白奥林匹克公园（Queen Elizabeth Olympic Park）是 2012 年奥运会的主要举办地，占地约 100 公顷，整体规划分为南北两大园区。南园为核心赛区，主要包含各类奥运体育场馆，凸显现代都市风格；北园则定位为近自然的生态空间，现已成为重要的野生动物栖息地。赛后，公园进行了分期改造，主要目标体现在三个方面：首先，打造面向市民的全民健身场所。通过保留原有水系，并规划了自行车道和跑步道，同时设置了曲棍球场、网球场等运动场地，以及儿童游乐区，为全年龄段市民提供了完善的健身和康养空间；其次，塑造吸引游客的体验目的地。在保留伦敦奥运塔等标志性奥运遗产的基础上，将

部分场馆转型为综合商业设施，配套发展了完善的旅游服务体系；最后，建设承办大型活动的重要载体。通过对主体育场、水上运动中心、自行车馆等核心场馆的改造升级，并引入英超俱乐部资源，持续举办各类文体赛事，进一步延续了公园的商业价值与社会影响力。

二、运动专项型体育公园

运动专项型体育公园是以大众体育运动为主导功能的公园类型，其室内外运动健身设施占比相对较高，形成集休闲与运动于一体的复合型功能空间。这类公园主要服务于周边居民的日常健身需求，因此选址通常优先考虑居民密度较高的社区周边。在运营方面，此类体育公园注重专业化管理，通过构建与设施相匹配的专业化服务体系，为不同性别、年龄和健康状况的客群提供精准化的运动健身服务，从而增强用户粘性。例如，可打造老年人友好型、儿童友好型及女性友好型活动中心，并配置相应的运动设施，同时安排专业人员提供科学指导。

戈斯林体育公园（Gosling Sports Park）位于英国赫特福德郡韦林花园城中心位置，周边以居住区为主。该公园占地面积达 20 公顷，涵盖室内外多种运动设施，是一座以体育功能为核心的休闲运动综合体。公园内的体育场地和设施包括室内健身中心、室内儿童运动中心、体育工作室、网球场、旱雪场、高尔夫练习场、田径场、赛车场、自行车场、蹦床中心等，并配备了先进的水疗场馆。此外，公园还配套了齐全的公共服务设施，如接待室、酒吧、零售商店、宴会大厅和医疗室，为游客提供婚礼、夏令营、儿童活动及中老年活动等多样化的休闲娱乐服务。虽然戈斯林体育公园以服务体育运动为核心目标，但其功能布局充分考虑了游客的潜在需求，通过丰富的业态组合，打造了一体化的体育休闲娱乐服务平台。

三、非运动专项型体育公园

非运动专项型体育公园是以绿化景观为核心空间载体，集跑步、快走、广场舞等基础健身条件并配套一定健身设施的公园。其服务内容更为多元化，不仅为全民健身提供场所，同时也是休闲游憩和亲近自然的理想去处。这类体育公园的应用范围十分广泛，只要既有公园达到一定规模或城市中存在待开发的敞开空间，均可通过改造实现非运动专项型体育公园的功能。这正体现了"体育无处不公园"的理念。

其中一种典型情形是以大型综合公园为基础逐步融入运动功能而形成的体育公园。例如，美国纽约中央公园、英国伦敦摄政公园等历史悠久的公园，在其发展历程中逐步完善了多元化的全民健身场地和休闲运动设施。另一种典型案例则是利用城市闲置空间进行更新改造而成的体育公园。例如，加拿大多伦多市中心 Underpass Park 桥下公园、美国波特兰的 Burnside Skatepark 滑板公园，均充分利用高架桥下的立体空间设置了篮球、滑板、曲棍球等体育运动场地。而韩国首尔则将汉江沿岸空间发展为总长超过 150 千米的自行车道和慢跑道，并在高架桥下设置补充性的户外健身区，构建起"点线结合"的特色体育公园系统。

以上三种国际上典型的体育公园类型，从服务于大型活动逐步转向满足日常健身需求，在承载功能上呈现出商业效益递减而公益效益递增的趋势。但整体而言，它们都实现了体育公园在全民健身和绿色发展两方面的核心价值。对于我国而言，公园作为以发挥公益性为主要目的的公共场所，体育公园在建设运营的全生命周期中也面临着诸多挑战。由于在规划选址、设计、运营等环节中的种种问题，体育公园常常面临入不敷出的情况，甚至出现过度商业化和房地产化的倾向。面对体育公园在全国范围内如火如荼的发展态势，更需要"谋定而后动"。

通过对三种典型都市体育公园类型的研究和分析，可为未来我国体育公园的发展提供启发与借鉴。

（一）坚持"以人为本"的宗旨进行体育公园的体系决策

建议城市应在宏观层面上开展顶层设计，构建"广域级—城区级—社区级"层级化的体育公园系统，并科学规划多类型、多功能的体育公园布局。具体而言，在公园立项阶段，应通过科学评估周边人群特点和需求审慎确定其选址、规模以及运动设施配置等关键内容，重点发展儿童友好型、老龄友好型等多样化公园类型。同时，在规划过程中应注重生态环境保护，充分利用既有生态资源并发挥其天然优势，确保公园建设始终与初衷相符。

（二）利用城市既有的硬件条件进行体育公园改造

国内诸多体育设施面临外部空间及配套设施利用效率不高的问题，建议根据实际情况将其改造为全民健身与生态绿色融合的体育公园。具体而言，一是应着重改造大型体育中心的场馆外开放空间，秉持绿色为底色、全民健身为核心的理念，提升综合体育设施利用率；二是对于客群基础较好的现有都市公园，可通过合理改造增加全民健身主题特色，注重完善室内配套设施功能，打造特色型体育公园；三是利用城市城中村改造、老旧社区及废弃厂房等闲置空间，配备运动健身器材、绿色生态景观及相关配套设施，服务周边居民。

（三）通过专业化运营服务满足体育公园的全民健身需求

在消费服务升级的时代背景下，体育公园不仅要注重硬件设施的建设，更要强化运营服务能力。建议引入具备专业能力的运营管理团队，深入调研客群需求，组织特色鲜明的常态化文体活动，并提供儿童体育教育培训、青年休闲体育、老年运动康养及文化体育大型赛事等定制化专业化服务，以此激发既有客群的新消费需求，挖掘并培养增量客群。

第七章　建　议

体育产业作为新的区域经济增长点，对于推动经济转型升级、促进区域经济发展具有重要的意义①。

第一节　实施消费新动能培育行动，
创新完善体育消费政策体系

在市场经济条件下，体育消费是人们参与体育活动的前提条件，也是体育运动得以存在和发展的保证，更是体育市场和体育产业得以开拓和发展壮大的社会基础②。作为一种新兴的消费形式，体育消费不仅能够推动相关产业发展、增加就业机会、提高国民经济水平，还能促进全民健身，增强人民体质、提升健康水平，从而减少医疗支出；同时，它为人们提供了多元化的娱乐方式，丰富了日常生活，提升了生活质量；更重要的是，体育消费为体育事业发展注入资金支持，有助于提高国家体育竞技水平。

---

① 李国强，章碧玉，赵猛. 我国区域经济、体育产业和群众体育综合协调发展研究［J］. 天津体育学院学报，2015，30（1）：87－92.

② 胡艳. 四川省城乡居民体育消费行为差异及影响因素分析［J］. 成都体育学院学报，2014，40（9）：39－43.

一、实施消费新动能培育行动的具体策略

（一）加强体育产业的创新和发展，推动体育产业的数字化、智能化和品牌化发展，提高体育产品和服务的质量和水平，增强消费者的体验感和满意度

加强体育产业的创新与发展。在研发与创新投资方面，政府和企业可以加大对体育领域的资金投入，促进新技术和新产品的研发与应用，涵盖体育器材研发、新型训练方法、运动医学及健康管理等领域的创新。同时，要大力支持体育科技初创企业的发展，为其提供融资支持和资源整合服务，以推动体育产业的创新发展，并为消费者创造全新的运动体验和服务。

推动体育产业的数字化、智能化和品牌化发展。在数字化体育媒体方面，应加强数字体育媒体的建设与推广，包括但不限于体育赛事直播、数字体育内容制作以及虚拟现实（VR）体育体验等，以此扩大体育受众群体，提升体育产业的整体影响力和曝光度。在智能体育装备领域，需积极推动智能化设备的研发与普及，例如智能运动手表、智能跑鞋和可穿戴健身设备，这些装备能够为运动者提供实时的运动数据分析和个性化的训练建议，从而显著提高运动效果和用户体验。此外，在品牌建设方面，要着力塑造具有国际竞争力的本土体育品牌，通过赞助国际或国内顶级体育赛事、签约知名运动员代言人以及在重点城市设立品牌旗舰店等方式，持续提升体育产品的市场价值与品牌影响力，推动中国体育品牌走向世界舞台。

提升体育产品和服务的质量和水平是关键。在质量监管方面，建立健全的质量监管体系，强化对体育器材和食品的监督，杜绝假冒伪劣产品流入市场。在培训和教育方面，提供全方位的体育教育与培训服务，着重培养教练员、运动员及体育管理人才，提高从业者的专业水平，提升体育服务质量。同时，加强体育旅游业的发展，提供更多元化的体育旅游体验项目，如体育赛事观赛、体育主题度假村及定制化旅游线路，增强消费者的体验感和满意度。在个性化服务方面，采用大数据和人工智能技术，为消费者提供个性化的训练计划、饮食建议和观赛体验，提高消费满意度。此外，鼓励体育社交互动，通过线上平台与线下活动相结合的方式，增强消费者的参与感与归属感。最后，提供更多高性价比的体育产品和服务，吸引更多人参与体育运动，如价格合理的赛事门票、健身会员卡及运动装备等。

总之，通过实施这些策略，能够推动体育产业的可持续发展，提升体育消费者的体验感与满意度。这不仅有助于将体育产业培育成国民经济的重要支柱，还

能促进城市经济健康发展。

（二）加强体育场馆和设施的建设和改造，提高场馆和设施的品质和服务水平，满足不同层次、不同需求的消费者的需求

加强场馆和设施建设。推动多功能场馆的兴建，使其能够容纳各类体育活动，涵盖篮球、足球、网球和羽毛球等多种项目。这有助于提高场馆的利用率，满足不同运动项目的需求。在城市规划与场馆布局方面，紧密结合城市规划，确保场馆布局合理、交通便捷，以方便市民前往，提升场馆的可访问性。引入现代化技术和设施，如高清晰度视频屏幕、数字互动设备和智能座椅，以提升观众体验，吸引更多人参与。

提高场馆和设施的品质和服务水平。保持场馆的清洁和维护至关重要，应定期维护设施和设备，以确保其安全性和性能。强化安全措施，包括监控系统、安全检查和紧急情况响应计划，让消费者在场馆内感到安全。雇佣经验丰富的管理团队，他们能够有效组织和管理场馆活动，提供卓越的服务。

满足消费者的不同层次需求。为儿童和家庭提供友好的场馆和设施，包括儿童游乐区、家庭更衣室等，吸引家庭层次的消费者。设立老年人友好的体育设施，如低强度锻炼区等，以满足老年人的健康需求。建设无障碍场馆，包括坡道、无障碍洗手间和辅助设备，确保残障人士也能享受体育活动。

加强场馆和设施建设。兴建多功能场馆，容纳篮球、足球、网球和羽毛球等项目，提高利用率，满足各类体育活动需求。结合城市规划与场馆布局，确保位置合理且交通便捷，方便市民访问。引入高清晰度视频屏幕、数字互动设备和智能座椅等高科技设施，提升观众体验，吸引更多参与者。

（三）加强体育赛事和活动的组织和推广，提高赛事和活动的品质和影响力，吸引更多的消费者参与和观赛

加强体育赛事和活动的组织。多元化赛事策划：构建多层次赛事体系，涵盖不同类型和规模的体育赛事，满足广泛受众的多元兴趣和需求。包括国际顶级赛事和社区级比赛，满足多层次需求。专业组织与管理：建立高效专业的赛事组织团队，保障赛事顺利进行。从赛前策划、场馆准备到裁判管理，确保每个环节都细致到位。合理的赛事定价：科学制定票价策略，吸引多元受众，提升赛事参与度。通过分档定价满足不同经济水平的消费者需求。

提高赛事与活动的品质与影响力。娱乐价值提升：体育赛事不应局限于竞技本身，而应注重提升其娱乐价值。通过增加音乐表演、庆典活动和互动体验等环节，全面升级观众的整体体验。数字化赛事体验：充分利用数字技术手段，为观众提供实时比赛信息更新、虚拟现实沉浸式体验以及社交媒体互动平台，从而显

著增强观众的参与感与融入度。社会责任践行：将赛事组织与社会责任紧密结合，在赛事举办过程中积极支持慈善事业和社区发展项目。通过这一方式，不仅能够提升赛事的社会影响力，还能为社会发展作出实际贡献，彰显体育运动的社会价值。

吸引更多的消费者参与和观赏。精准的目标市场定位：深入分析目标市场需求，提供定制化赛事内容，满足不同受众期待。综合营销策略：整合社交媒体、广告及合作伙伴推广等多渠道资源，全面提升赛事知名度与吸引力。家庭友好型活动：优化家庭观赛体验，设置亲子互动区和推出家庭套票优惠，吸引更多家庭参与。

通过优化体育赛事活动的组织与推广，提升品质与影响力，体育产业将吸引更多参与者。这不仅能推动行业的可持续增长，还能提高观众满意度，拓宽收入渠道，并丰富城市的文化娱乐生活。政府、赛事方和企业需携手合作，共同落实策略，确保体育产业持续健康发展。

（四）加强体育教育和培训的推广和普及，提高消费者的体育素养和健康意识，增强消费者对体育消费的需求和信心

加强体育教育和培训的推广与普及。深化学校体育课程：丰富课程多样性，让学生接触篮球、游泳等项目，培养广泛兴趣与技能。拓展社区体育项目：增加活动种类，涵盖儿童足球、成人瑜伽及老年健身，满足各类人群需求。构建在线教育资源平台：提供多样化的课程和教材，方便随时随地学习，提升体育素养。加强师资培训：提升教师专业水平，确保高质量体育教育的实施。

提高消费者的体育素养和健康意识。宣传体育文化：弘扬奥林匹克精神、体育道德与公平竞争，增强公众对体育的认知与认同。整合健康教育：将健康理念融入体育教学，突出体育锻炼对人体的好处，培养健康的生活习惯。积极报道体育新闻：媒体需主动报道体育成就、康复案例及专业建议，点燃更多人参与体育的热情。

增强消费者对体育消费的需求和信心。奖励机制鼓励参与：设置激励措施，如签到奖励、积分制度等，提升消费者的参与度与消费体验。保护消费者权益：制定明确的消费者权益保障措施，确保在体育消费中享有安全与权益，增强信任感。市场调研与反馈：定期调研市场需求与反馈，根据市场变化调整策略，以满足不断变化的消费需求。

通过推广普及体育教育与培训，提升消费者体育素养与健康意识，并激发其消费需求与消费信心，体育产业将获得新的增长动力。这些举措不仅能提升国民体育素养、推动体育消费持续发展，还能增进国民健康，创造更多社会效益。政府、教育机构、体育组织和企业需紧密合作，共同落实策略，促进体育教育与培

训发展。

二、创新完善体育消费政策体系的具体策略

（一）完善体育消费政策法规，建立健全体育消费市场监管机制，保障消费者的合法权益和安全

完善体育消费政策法规，保障消费者权益。明确消费者权益：法规应明确定义消费者的权利，包括合理退款、透明购票流程、产品与服务标准等，以增强消费者对体育产品和服务的信心。更新法规：需紧跟市场和技术发展步伐，尤其关注在线体育内容和流媒体服务等领域，确保数字消费环境下的权益与传统场馆一致。处罚措施：应明确违规行为的法律后果，如罚款、吊销许可或法律诉讼，以有效遏制不当行为的发生。

建立健全体育消费市场监管机制是保障消费者权益的重要措施。首先，在监控价格操纵方面，监管机构需密切关注比赛门票及体育用品的价格变动，通过实施价格监测、投诉调查和市场分析等手段，防止市场操纵行为的发生。其次，建立高效的消费者投诉处理机制至关重要，确保消费者能及时报告问题并获得妥善解决，从而有效维护其权益。此外，在产品质量监管方面，必须制定并严格执行标准化程序和质量认证，确保所有体育产品和服务符合安全与质量要求。最后，广告监管也不容忽视，需加强广告内容的真实性审查，杜绝虚假宣传和不当销售行为，对违规者采取相应制裁措施，以营造公平透明的市场环境。

在加强消费者教育和信息传递方面，提供购票建议至关重要。政府和体育行业应指导消费者如何选择正规售票渠道、购票时间和注意事项，帮助他们做出明智决策。同时，推广消费者权益教育，普及维权知识与投诉索赔流程，增强消费者保护自身权益的能力。此外，需提升消费者识别虚假广告的能力，通过指南和案例分析，帮助他们辨别欺诈性销售手法，避免受骗。

通过详细规划和实施策略，我们能够有效保障体育消费政策的落实。这不仅提升了市场透明度与公平性，更能维护消费者权益与安全，从而构建健康、可持续发展的体育消费环境，并激发消费者积极参与，共同推动体育产业的繁荣发展。

（二）加大对体育产业的扶持和支持力度，鼓励和引导社会资本进入体育产业，促进体育产业的发展和壮大

通过加大财政支持力度，政府能够为体育项目、赛事及设施发展提供必要资金，从而推动整个体育行业进步。在人才培养方面，设立专项基金支持运动员培

训、奖学金发放及体育教育体系的建立至关重要。同时，政府应加大对体育设施建设的投入，完善场馆及训练场地的建设与维护，以吸引更多大型赛事落户。此外，支持赛事组织工作，涵盖策划、场地安排和安全措施等方面，将进一步提升体育产业的知名度和吸引力。这些综合举措将为体育产业的发展注入强劲动力，并有助于提升我国在国际体育舞台上的影响力。

通过制定税收优惠政策，政府可以提供减税或税收优惠，有效激励企业和投资者进入体育产业，降低他们的投资风险。同时，简化赛事创办的审批流程，减少市场准入障碍，能够进一步吸引社会资本参与体育项目。政府还可以搭建合作平台，促进企业与体育机构的合作，整合资源并推动创新。此外，鼓励企业赞助体育赛事和俱乐部，将提升赛事水平和吸引力，从而吸引更多观众和投资。这些综合措施将有助于激发社会力量参与体育产业的积极性，促进整个行业健康发展。

为确保体育行业的健康有序发展，政府需建立健全监管体系和政策框架。首先，应制定明确的法规和政策，涵盖消费者权益保护以及赞助与广告规范化管理，从而保障体育行业的权益与公平竞争。其次，构建高效的市场监管体系，实时监控体育市场动态，维护市场秩序和透明度。这些措施将为体育产业创造一个公平、规范的发展环境，促进行业长期繁荣。

通过具体策略，政府和社会资本可以携手合作，推动体育产业的繁荣发展。这不仅能提高体育消费政策体系的有效性，还能维护消费者权益并扩大就业，同时增强国家的国际影响力。这将促进体育事业、经济社会的全面发展。这一系列措施不仅助力体育产业发展，也为社会和经济带来了全面进步的可能性。

（三）加强体育消费信息公开和透明，保障消费者的知情权和选择权，促进体育消费市场的健康发展

政府有关部门或相关体育机构建立官方平台，为公众提供全面的体育赛事信息。该平台需整合所有类型赛事信息，包括比赛时间、地点、票价和参赛阵容等细节，并覆盖从职业联赛到业余锦标赛、从足球到冰球的各项运动。此外，平台还应具备以下功能。详细数据展示：提供详尽的比赛信息、队伍数据和历史统计。在线门户网站：整合各类体育活动资讯，包括实时赛况、数据统计、新闻报道和队伍更新，为体育爱好者提供更多元的信息渠道。移动应用程序：设计用户友好的 APP，实时推送赛事动态、直播链接、录像回顾以及队伍消息，并提供在线票务服务，方便用户随时购票。通过这一综合信息平台，体育爱好者能够便捷获取各类赛事资讯，提升观赛体验。

政府有关部门制定广告法规，明确广告的真实性与准确性标准。这些法规需要求广告商提供真实的价格信息、产品特性和其他宣传内容，避免虚假和误导性

广告。同时，应设立独立的广告审查机构，负责审核和批准广告内容，并确保其具备专业能力。此外，还需建立简便高效的广告投诉处理程序，便于消费者及时举报违规行为。该程序应能快速启动调查并妥善处理投诉，以保障广告商合规经营。

政府有关部门和相关机构开展广泛的宣传活动，普及体育消费知识，如购票指南、权益保障及投诉渠道等内容。这些活动可利用社交媒体、广播、电视及户外广告等多平台进行。同时，应提供在线培训资源，帮助消费者识别虚假广告、不当销售行为及欺诈手段。通过案例解析与实践指导，增强消费者的自我保护能力。此外，政府需支持并资助消费者权益组织，使其能够为消费者提供咨询、投诉处理和法律援助服务，并为他们提供举报不当行为的渠道。这将有效提升消费者维护自身权益的能力。

政府有关部门设立专门的体育消费市场监管机构，全面监督广告、票务、赛事及体育商品市场。这些机构需制定详细的规定和规章，并明确各方参与者责任与义务。同时，加强市场运行监测，及时发现并纠正违法行为。此外，监管机构应加强与体育产业的沟通协作，确保广告宣传、赛事举办和商品销售均符合相关法规要求。政府和监管部门还应建立快速响应的投诉渠道，方便消费者举报虚假广告、不当销售手法及其他违规行为。这些渠道需保障投诉人信息安全，做到快查速办、妥善处置，有效遏制违规现象的发生。

政府部门监督独立体育新闻机构和评论网站，以确保客观、中立的体育报道，并避免商业利益干预。这些媒体应具备足够的资源开展深度调查，揭露行业乱象。同时，政府可推动成立体育新闻工作者协会，制定职业操守规范，倡导从业者坚守专业精神，保持独立性和客观性。

（四）加强体育消费市场的国际化和开放化，促进国内外体育产业的交流和合作，提高体育消费市场的竞争力和影响力

推动体育消费市场开放，吸引国内外体育企业投资。这可以通过取消或放宽市场准入限制、优化审批程序等手段实现。此举将有助于引进国际资本和技术，促进国内体育产业加速发展。同时，加强与国际体育组织和企业的合作，促进体育商品和服务的跨国流通，提升国内体育市场的多样性，进而推动产业国际化进程。

积极推动国际体育文化交流，可通过支持国际体育赛事和文化交流活动来实现。此类举措有助于深化国际体育产业合作，提升我国体育产业的国际影响力。同时，政府可推动国内体育企业和国际组织或机构建立合作关系，涉及赛事转播、品牌推广等领域。这些合作将为本土企业开拓国际市场提供平台，助其获取更多发展资源。

注重支持体育产业的技术创新，可通过专项资金扶持技术研发项目。此举有助于提升产品质量和服务水平，从而增强市场竞争力。此外，设立专门的研发基金将为体育科技创新提供更多保障。在国际推广方面，政府可协助国内企业开拓海外市场，包括参加国际展会、举办推广活动或设立海外分支机构等。同时，为企业提供海外市场需求调研和推广策略指导，助力其成功进军国际市场。在人才培养领域，鼓励体育从业者赴海外深造或参与国际合作项目，将有效提升专业水平和国际竞争力。此外，加强与国外机构在体育管理和科研等领域的人才培养合作项目，也将为行业注入更多国际化人才资源。

加强行业监管力度是确保国内体育产业企业符合国际法规的关键。完善相关法律法规，明确界定不正当竞争行为及其处罚措施，以有效防止违规操作。此外，深化与国际体育组织的合作。双方可围绕信息共享、联合调查及争议调解等多方面展开协作，共同打击跨国违规行为。通过这些合作机制，不仅能够提升监管效能，还能为体育市场营造一个更加公平、健康的竞争环境，助力行业的可持续发展。

大力支持国际体育文化交流项目，例如举办国际体育节、文化展览等活动。这些举措不仅有助于提升国际体育产业的关注度，还能促进跨国间的体育文化交流与互鉴。同时，为确保项目的顺利实施，政府可提供专项资金支持，并积极搭建多边合作平台，鼓励更多国家和组织参与其中，共同推动体育文化的多元发展。

通过一系列系统性策略，构建一个更加国际化、开放且充满活力的体育消费市场。这一市场将有效促进国内外体育产业之间的深度交流与合作，助力本土体育产业走向国际舞台。这些举措不仅能提升本国体育市场的全球竞争力和影响力，还能为消费者带来更多元化的产品选择，同时促进跨国民众的文化交流与互动。在此基础上，体育产业将实现更加繁荣的发展态势，其在国际上的知名度和话语权也将得到显著增强。

第二节　实施消费新氛围营造行动，持续优化体育消费市场环境

在人民生活水平持续提升的背景下，公众对体育消费的需求日益呈现多元化趋势。积极营造新型体育消费氛围，以更精准地回应民众需求，推动社会进步。作为体育产业发展的重要引擎，体育消费不仅能够推动产业升级、提升经济效能，更能彰显体育文化的独特魅力。优化体育消费市场环境有助于激发产业活

力，满足人民群众日益增长的美好生活需要。这种新型消费模式有助于推动全民健康事业的发展，助力国民体质持续提升，同时促进社会和谐与稳定。

一、提高消费者体验

（一）提供个性化的服务

为更好满足消费者的个性化需求，体育企业可运用大数据与人工智能技术深度挖掘消费者的消费记录、兴趣偏好等信息，从而提供精准的个性化服务。例如，根据这些数据，向用户推送精准的比赛、球队或球员信息，激发用户的购买欲。此外，体育产品还可以通过提供个性定制服务来增强用户体验，如自选配色方案或镌刻专属标识等。这种模式不仅显著提升了用户满意度，还有效增强了商品的独特性与溢价能力，为品牌注入更多价值内涵。

（二）更好的售后服务

制定透明、灵活且公平的退换货政策，明确规定退款、换货和退货条件，以减少消费者顾虑并保障其权益。同时建立专业、高效的客服团队，通过电话、电子邮件或社交媒体等多渠道快速响应用户需求。对客服人员进行培训，使其具备问题解决能力，能够及时回应用户咨询与诉求，从而提升消费者满意度并维护品牌忠诚度。

（三）更好的购物体验

体育产业应持续优化网站及移动端应用，打造用户体验友好、功能完善的在线平台，具体包括提升页面加载速度、简化购物流程并优化导航设计，从而为用户提供便捷的购物体验，有效提升用户满意度。同时加强支付安全保障，采用加密及双重验证等技术手段，确保消费者个人信息与资金安全，并支持信用卡、电子钱包等多种支付方式，满足用户个性化需求。

（四）促销和优惠

根据销售周期与消费特点，设计灵活多样的促销方案，如季度特卖、节假日优惠等，在满足消费者对高性价比追求的同时，培养其持续关注与消费习惯。此外，通过积分回馈机制增强客户粘性，鼓励用户持续参与消费，并配合专属优惠与折扣特权进一步激励用户持续消费。

（五）更好的物流配送

建立高效的配送网络，通过优化物流流程与技术应用，保障订单快速送达。同时借助合作伙伴资源与智能物流系统，实现订单状态的透明化展示与精准预测，从而增强客户对品牌的好感度与忠诚度。此外，根据不同消费场景与用户需求，设置多层次配送服务，如标准配送、加急送达、指定时段投递等，为消费者提供更多选择空间，从而提升整体购物体验的便捷性与满意度。

（六）用户反馈和改进

构建全方位的用户反馈体系，通过在线表单、电子邮件、电话热线及社交媒体等多元化渠道主动收集并高度重视客户反馈，在此基础上建立快速响应机制，展现对用户的关注与尊重。同时，以用户需求为导向，不断优化产品品质和服务效能。通过定期分析用户反馈，及时调整运营策略，持续提升服务水准与客户满意度。

借助科学完善的策略体系，显著改善消费体验，不仅能吸引更多消费者，还能提升体育消费市场的竞争力和影响力。既能有效增强客户粘性，又能推动行业繁荣与可持续发展。在竞争激烈的市场环境中，打造卓越的消费体验是企业制胜的关键所在。

二、加强品牌建设

（一）广告宣传

品牌故事塑造通过讲述发展历程、核心价值观与未来愿景，广告宣传应着重于传递品牌文化内涵，而非单纯强调产品或服务特性。这些品牌故事可借助视频广告、社交媒体内容、博客文章及深度访谈等多种形式进行传播。创意广告营销在竞争激烈的市场中，创意广告是吸引消费者目光的核心手段。成功的广告需具备创新性和情感感染力，能够引发消费者的共鸣与关注。采用幽默、情感化或叙事性的表达方式，有助于品牌在众多竞争对手中脱颖而出。

（二）赞助体育赛事

体育赛事赞助通过精准匹配品牌定位及目标群体的体育赛事，借助冠名权益、广告展示等形式展开合作，使品牌形象与受众熟知的体育盛事深度绑定，显著提升市场知名度。赛事活动营销在赞助期间策划互动活动以增强消费者参与度，包括设立现场体验区、邀请运动员参与签名会或提供专属观赛福利等。这些举措不仅吸引关注与参与，还能有效传递品牌的积极价值观及对体育事业的支持。

（三）社交媒体营销

构建社交媒体品牌，持续发布高质量内容并与受众保持互动，利用平台优势与消费者建立直接连接。分享赛事预告、比赛结果及运动员故事等体育相关内容，吸引目标群体的关注。利用社交媒体广告精准推广品牌和产品，根据特定受众特征进行投放。通过定制化的内容形式如付费广告、竞赛活动及互动内容，有效吸引潜在消费者并引导其参与品牌相关活动。

（四）品牌合作

与体育明星、团队或相关品牌构建合作关系，以增强品牌的信任度。合作形式包括签约品牌大使、联合推广活动及与其他体育品牌共同开发联名产品。通过与品牌合作推出独特的产品或服务提升品牌独特性，例如联名球衣、鞋类或限量版体育装备。此类产品通常受到收藏家和忠实消费者青睐，有助于提升品牌知名度。

（五）持续的品牌监测和改进

建立消费者反馈机制，了解他们对品牌的看法和需求。品牌可以通过在线调查、焦点小组、社交媒体反馈和客户服务交互等渠道收集反馈信息，以便不断改进产品、服务和品牌体验。设定可量化的品牌度量指标，以评估品牌的认知度、偏好度和信任度。这些指标可以包括品牌知名度调查、社交媒体关注度以及消费者忠诚度等。通过持续监测这些指标，品牌能够了解其市场表现并及时进行调整和优化。

通过以上策略，体育产业可以成功强化品牌建设，从而提高消费者对体育消费品牌的认知度和信任度，并推动销售增长。品牌建设是建立稳固品牌地位和实现持续增长的关键，它不仅有助于与消费者建立情感联系，还能提升整体的品牌价值。在竞争激烈的市场中，拥有坚定的品牌定位是取得长期成功的核心要素。

三、推广新产品

（一）新产品开发

市场调研是新产品开发的关键环节。通过深入分析目标受众的需求、趋势和偏好，品牌可以识别市场中的潜在机会。这涉及定量与定性研究方法，包括问卷调查、重点访谈和社交媒体分析等。此外，还需对竞争对手的产品和策略进行评估，以发现差距并寻找创新突破口。产品创新是新产品开发的核心要素。通过引入新材料、新技术、新设计或新功能，品牌能够满足消费者不断变化的需求。具备独特性的产品往往更具吸引力，因为它们为消费者提供了全新的使用价值与体验。品牌的定位应确保新产品与品牌核心价值观和目标受众保持一致。明确的品牌定位不仅是新产品融入品牌形象的关键，也是其成功的基础。新产品需在品牌框架内找到合适的位置，并与现有产品系列形成良好的互补关系。

（二）产品发布

宣传活动是新产品发布前的重要环节。通过提前发布预告片、倒计时、视频宣传及社交媒体互动，品牌能够有效营造期待氛围。多渠道展示新产品，例如在品牌网站、社交媒体平台或体育赛事中亮相，有助于吸引消费者的关注。例如，推出一系列神秘的预告片，可以激发消费者的兴趣和好奇心，吸引更多人参与产品发布会。限时优惠是新产品发布时的有效促销手段。首批购买者可享受折扣、获得赠品，或者有机会购买限量版产品。这种限时优惠策略能够制造紧迫感，促使消费者尽快下单，从而提升销售转化率。

（三）多渠道推广

线上宣传是品牌推广的重要手段之一。通过互联网和社交媒体平台发布吸引人的内容（如产品图片、使用案例、客户评价和品牌故事），能够帮助消费者更好地了解新产品。同时，社交媒体不仅是与消费者互动的渠道，也是提升品牌形象的关键工具。此外，电子邮件营销、在线广告以及与其他品牌的合作伙伴关系，也能够有效扩大产品的曝光度。线下展示是增强消费者购买体验的重要环节。品牌可以在体育用品店、商场或比赛场馆设置实体展示柜，供消费者亲身查看和试用新产品。这种线下展示不仅能够让潜在客户更直观地了解产品特点，还能够加深他们的购买意愿。此外，组织新品发布会或展示会也是提升产品影响力的有效方式，可以吸引媒体关注、邀请运动员参与，并与潜在消费者进行直接互动。

（四）用户参与

用户体验分享是品牌与消费者之间的重要互动方式之一。鼓励购买新产品的消费者在社交媒体上使用特定的官方标签（如♯新品体验）分享他们对产品的感受、照片或故事。用户生成的内容，包括评论和评分，具有真实性和可信度，能够有效影响其他潜在消费者的购买决策。产品反馈对于品牌改进和优化新产品至关重要。通过建立多种渠道收集消费者的意见和建议，例如在线调查、客服热线、社交媒体互动以及产品评论，品牌可以获得第一手的市场反馈。这些信息不仅能帮助品牌了解产品的优缺点，还为未来的改进提供了方向。重视并及时响应消费者的反馈，有助于提升产品品质和服务水平，从而增强消费者对品牌的忠诚度。

（五）持续创新

定期推出新产品：持续创新是维持消费者兴趣与忠诚度的关键。通过定期发布新产品系列，品牌可以保持产品线的新鲜感。消费者期待持续的创新，因此品牌需保持活力以满足他们的期望。技术创新：将最新科技应用于新产品开发至关重要。例如，智能穿戴设备、增强现实体验和可持续材料等技术的应用可提升产品的吸引力与竞争力。智能运动服装能监测运动员生理数据并提供实时反馈，从而优化用户体验。

（六）市场反馈

销售数据分析：定期分析销售数据有助于了解新产品的市场表现。通过数据可以识别出哪些产品最受市场欢迎，哪些区域的需求量最大，以及不同销售渠道的销售情况如何。这些洞察可为优化库存管理和制定精准的销售策略提供依据。消费者调查：定期开展消费者调研，以掌握他们对新产品的真实反馈与满意度。调研内容涵盖产品功能、价格、外观设计、包装及购物体验等多方面。通过分析消费者的偏好和痛点，企业可以及时调整产品和服务，以更好地满足市场需求。

通过上述策略，体育产业能够实现新产品的市场推广，并吸引更多消费群体。新产品的成功推出不仅能够带来销售增长，还能够拓展市场份额并提升品牌影响力。企业应积极收集市场反馈，持续改进和创新产品，以适应不断变化的市场需求。保持创新能力是维持竞争优势、实现可持续发展的关键所在，同时也为消费者提供了更多选择，并进一步提升了他们的购物体验。

四、加强渠道建设

（一）线上渠道建设

开设官方网上商城：创建一个用户友好的电子商务网站是品牌发展线上业务的关键任务。该网站需包含详尽的产品信息，例如价格、规格、颜色及尺寸等，并提供安全的在线支付功能以保障客户隐私和财务安全。同时，优化用户体验对于确保购物过程顺畅至关重要。产品信息呈现：清晰的产品展示对线上销售的成功起着决定性作用。使用多角度的高质量图片，并附带详细的描述，涵盖材料、用途及维护说明等内容。规格表应清晰列出各项参数，帮助消费者做出明智的选择。在线支付与安全性：为客户提供多样化的支付方式，如信用卡、借记卡以及电子钱包等，同时确保交易安全。具体措施包括使用 SSL 加密、PCI 合规性和多因素身份验证等技术手段，以保护客户敏感信息。

（二）线下渠道建设

零售店铺与专卖店：开设零售店铺或专卖店是品牌拓展线下业务的重要渠道。这些店铺通常选址于购物中心、商业街或体育场馆周边，旨在吸引体育爱好者和游客。通过精心设计的展示空间、试穿/试用区域及专业的客户服务，品牌能够为消费者提供优质的购物体验。与零售商合作：与体育用品零售商建立合作关系是扩大产品分销网络的有效途径。通过将产品引入大型运动用品连锁店、百货商店及专业体育零售商等渠道，品牌可以显著提高产品的可及性。同时，与零售合作伙伴共同策划促销活动和推广策略，有助于提升品牌的市场曝光度和销售表现。

（三）渠道整合

线上与线下的无缝体验：提供线上线下整合的购物体验对于提升消费者满意度至关重要。例如，顾客可以在线浏览商品后前往线下门店试穿，并最终在任一渠道完成购买。这种模式不仅提升客户满意度，还能促进复购并增强品牌忠诚度。多渠道市场推广：实现跨平台一致性是多渠道营销的核心。无论是线上还是线下渠道，品牌应保持一致的视觉形象、广告信息和促销活动。这有助于强化品牌识别度，建立整体品牌形象，并赢得消费者信任。

（四）渠道优化和管理

库存管理：有效的库存管理是维持供需平衡的关键环节。品牌应部署智能库存管理系统，优化库存周转效率并避免冗余库存。通过销售数据分析、预测季节性和市场趋势，企业能够精准规划采购与补货策略，防止积压或缺货。物流和配送：高效的物流管理对保障产品及时交付至关重要。品牌需与优质运输伙伴建立紧密合作关系，并采用可视化物流跟踪系统提升透明度。同时，提供多样化配送选项（如快递、门店自提及当日达服务），以满足不同消费群体的需求。数据分析和反馈：基于数据的洞察是优化销售渠道绩效的核心驱动力。通过分析各销售渠道的销售数据，品牌可以识别畅销产品、热门渠道和地区潜力。此外，收集并研究消费者反馈能够为产品和服务改进提供有力支持，助力企业持续提升服务质量。

（五）培训和支持

渠道伙伴赋能：在与零售渠道伙伴协作时，品牌应建立完善的赋能体系，包括产品知识培训（详细介绍产品特性、优势及应用场景）、销售技巧提升以及品牌文化导入。通过系统化的培训支持，确保合作伙伴全面掌握产品信息和营销策略。客户服务体系：专业的客户服务是保障消费者体验的关键。品牌应向消费者清晰传达产品信息、订单状态及售后服务政策，并打造专业的服务团队，提升问题解决效率和沟通效果，充分满足客户的多样化联系需求。

（六）优势和益处

渠道建设对于品牌的成长至关重要。首先，完善的线上线下渠道布局能够有效扩大市场覆盖范围，帮助品牌触达更广泛的消费群体。其次，多渠道销售模式不仅增加了销售机会，还显著提升了销售转化率。优质的购物体验对提升客户满意度具有决定性作用。通过提供全渠道融合的购物体验，消费者可以自由选择线上下单或线下体验，从而有效增强客户黏性和品牌忠诚度。高效的市场推广需要整合多方资源。与线上平台及实体零售伙伴的合作能够带来显著的营销协同效应，既增加了产品的曝光度，又为消费者提供了丰富的购买触点。数据驱动的运营决策是提升效率的关键。通过分析销售数据和用户反馈，企业可以更精准地把握市场需求，从而优化产品结构、调整价格策略并提高库存周转率。渠道建设也为区域经济发展做出了贡献。随着销售网络的扩展，品牌通常需要扩充人才团队，为当地居民提供更多就业机会，同时也促进了员工的职业发展和技能提升。强大的销售网络是品牌竞争力的重要保障。通过持续完善销售渠道，企业能够更灵活地应对市场变化，保持竞争优势，实现品牌的可持续增长目标。

加强渠道建设是打造良好体育消费环境的关键举措。通过构建全方位的销售渠道网络，实现线上线下融合，能够显著提升品牌的市场覆盖范围和销售转化效率。无缝购物体验的提供不仅增强了客户满意度，还促进了品牌忠诚度的建立。数据驱动的运营模式为企业的精准营销策略提供了有力支撑，帮助企业更好地适应市场需求的变化。完善的渠道体系不仅是品牌在竞争激烈的市场中脱颖而出的重要保障，更是提升企业核心竞争力的关键因素。

五、加强行业监管

（一）坚持政府主导

加强行业监管是保障体育消费市场健康发展的关键环节。政府及相关机构需通过完善法规、强化监督等措施，提升市场规范化水平。首要任务是建立严格的产品质量标准体系，涵盖运动鞋类、器材及配件等体育用品，并基于专业研究制定科学合理的检测规范。同时，需加大产品认证力度，确保其符合安全要求，以此减少假冒伪劣产品的流通。此外，政府应与行业协会协作，共同打击侵权行为，提高消费者对市场的信任度。建立高效的举报投诉机制也是至关重要的一环，须保护举报人隐私，畅通反馈渠道，并对违规行为实施严厉处罚，以维护市场公平和透明。

（二）打击假冒伪劣产品和不良商家

在体育消费市场中，消费者常遭遇假冒伪劣产品及不良商家的困扰。为有效解决这些问题，政府和行业协会可采取以下措施：首先，加强知识产权保护至关重要。这包括专利、商标和版权等领域的创新成果保障工作。其次，需强化执法力度，严厉打击制假售假行为，查处不合格或未经认证的产品销售，以净化市场环境。此外，建立不良商家黑名单制度亦是有效举措。该系统可记录有违规记录的经营主体，对其实施更严格监管，从而保护消费者权益，提升市场诚信度和透明度。

（三）保护消费者权益

保护消费者权益是营造友好消费环境的关键。为此，政府需建立健全的法律框架，明确消费者在购买体育产品和服务时的各项权利。该框架应包含以下核心内容：合理的产品退换政策、价格透明度要求、禁止虚假宣传的规定以及完善的售后服务保障。首先，退换政策须规定商家必须提供合理的退货、更换和退款服务，以确保消费者在购买后得到充分的保障。其次，价格透明度要求商家明示商品价格及附加费用，避免消费者在购买过程中遭遇不公平收费。同时，政府应禁止虚假宣传和误导性广告，确保市场公平诚信。此外，完善的售后服务包括维修、维护和退货政策，可帮助消费者获得必要的支持，确保产品正常使用。通过这些措施的综合实施，可以有效提升消费者的信任度，营造一个公正有序的消费环境。

（四）提高消费者的信任度和满意度

通过实施上述策略，消费者对体育消费市场的信任度和满意度将会提升。他们将感到更加安全和满意，因为所购产品真实可靠，商家值得信赖。这种信任会增加他们的消费意愿，进而推动市场的发展和壮大。此外，教育消费者辨别真假产品和不良商家也是保护他们的关键手段。政府和行业协会可以通过开展消费者教育活动，提供识别真伪的方法、购物注意事项及举报不良商家的渠道等信息。

当消费者的鉴别能力提升后，他们将更易辨识真伪产品和不良商家，从而降低受骗风险。

总之，在营造消费新氛围的过程中，加强行业监管、打击假冒伪劣产品和不良商家是关键。这些措施有助于构建一个公平、透明且可信赖的体育消费市场，推动其健康发展。通过提升消费者的信任度和满意度，市场将更加繁荣，消费者也将能够更好地享受优质的体育产品和服务。

六、提高行业标准

提高行业标准是实施消费新氛围营造行动的关键策略之一。这一举措旨在通过制定更高的标准来规范市场秩序、提升产品质量和服务水平，从而增强消费者的满意度和信任度。制定和更新行业标准是提高行业标准的第一步，需要政府、行业协会和专业机构的紧密合作，确保标准基于最新的科学研究、技术进展和市场需求。这些标准应涵盖从体育器材到场馆管理等各类产品和服务，并在透明的过程中制定，以充分考虑各方利益。

（一）产品质量和安全

行业标准的提升有助于保障体育产品的质量和安全。在制定这些标准时，需涵盖不同类型的产品，如体育器材、运动鞋和服装等。通过明确产品必须满足的安全要求，可以降低使用中的风险。例如，体育器材的标准应规定其须经过严格测试，以防止在使用过程中出现结构问题，从而提升产品质量并减少消费者因质量问题遭受的损失。

（二）产品性能和可靠性

行业标准还可以包括产品的性能与可靠性要求，以确保其在使用中具备必要的性能水平，使消费者能够依赖这些产品进行体育活动。例如，运动鞋的标准可以规定必须具备支撑性、缓冲性和耐磨性，以提供足够的支持和舒适性。这有助于提升产品的可靠性，增强消费者对产品性能的信心。

（三）价格透明度和消费者权益

除了产品质量，行业标准还可以涵盖价格透明度和消费者权益的保护。价格透明是确保消费者了解体育产品和服务实际成本的关键因素。标准可要求商家明确展示价格信息，包括基本费用及任何附加收费，帮助消费者在购物时避免不公平定价。此外，退换政策的要求也是保护消费者权益的重要措施，为消费者提供了购买后的产品保障，使他们在遇到问题时能够获得合理的解决方案。

（四）服务水平和售后支持

除了产品质量和价格透明度，行业标准还应关注服务水平与售后支持，包括维修、维护及退换货政策。通过制定指导原则，行业标准确保消费者在购买后能获得必要的支持，从而让消费者在遇到问题时感到安心，并能及时得到合理的解决方案。

（五）推动技术创新

行业标准的不断提高能够促进技术创新，促使企业采用新技术和材料以满足更高的要求，从而提升产品的竞争力，丰富市场多样性。消费者则将受益于更多选择和更先进的产品与服务。例如，推动新技术的应用可以研发出更轻便、耐用且环保的体育器材，进而提升运动体验。

（六）培训和教育

为了确保行业标准得到广泛遵守，培训与教育至关重要。政府、行业协会及专业机构可提供相关计划，帮助商家、生产者和消费者了解并遵循这些标准。培训涵盖如何达标、产品测试认证以及售后服务等方面，从而保障标准的执行，提升市场整体质量。

通过提高行业标准，可以规范市场秩序、提升产品质量和服务水平，从而增强消费者的满意度和信任度。同时，行业标准的制定与执行有助于确保产品安全，使市场更具竞争力。

第三节　实施消费新项目招引行动，
推动产业生态圈高品质建设

体育消费新项目招引行动可吸引更多投资与资源进入体育产业，推动其发展，提升竞争力与影响力，满足人们对健康、休闲和娱乐的需求，促进消费升级并优化消费结构。同时，体育产业发展能创造更多就业机会，提高就业率，增加税收收入，为国家财政提供支持，并促进经济发展。此外，它还能增强国家形象和国际影响力。

一、制订明确的计划和目标

(一) 确立明确的目标

首先，需要确立清晰、可衡量的目标以指导努力。这些目标包括招引新项目的数量、种类和规模，应具体、可衡量、可达成，并有明确的时间框架（例如每年增加两个国际赛事）。这有助于为工作提供方向，同时为评估进展提供基准。

(二) 招引新项目

一旦明确了招引新项目的各项目标，接下来需要考虑具体实施策略。新项目涵盖多种类型，包括体育赛事、体育设施及科技公司等。可采取市场推广、建立合作伙伴关系和提供激励措施等方法来实现目标。例如，与体育赛事主办方合作以吸引其落户本地，或与体育科技企业协作以设立研发中心。同时，可通过减税政策、场地租赁支持或创新奖励等多种激励措施来吸引更多项目。

(三) 投资规模

招引新项目通常需要相应资金支持。因此，需明确投资规模，这可能涉及政府拨款、私人投资及合作伙伴资金等来源。需要制定财务规划，合理分配资金以支持目标实现，并建立有效的资金监督机制，确保资源有效使用，同时对项目进展进行监测和审计。

(四) 具体措施和时间表

实施高品质体育产业生态圈建设需要明确的措施和时间表，涵盖政策制定、市场推广及人才培养等方面的具体行动。例如，若目标是提升本地体育科技创新水平，可采取以下措施：通过税收激励和研发资金支持研发；吸引全球性体育科技公司设立研发中心或实验室；举办创新竞赛并提供奖励以激发创新能力；与高校合作开展人才培养项目，培养更多专业人才。同时，为每项措施设定明确的时间表，确保计划有序推进。

制订明确的计划和目标，并辅以详细的措施和时间表，是推动体育产业生态圈高品质建设的关键。这些要素为我们提供了清晰的方向和框架，确保努力朝着可持续增长和发展的方向前进。通过明确目标、招引新项目、确定投资规模并实施具体措施和时间表，可以为体育产业的繁荣和社会发展奠定坚实基础。这将有助于提升国际竞争力，实现长期的经济和社会效益。

二、基础设施建设

（一）基础设施建设的重要性

体育产业的繁荣离不开现代化基础设施的支持。体育馆、运动场地和培训中心为运动员和教练员提供了专业的比赛场地和训练设备，从而提升了体育产业的整体竞争力，并助力培养更多优秀体育人才。同时，现代化设施还能吸引国内外赛事和训练项目，进一步提升国际影响力。

（二）促进体育旅游

投资体育基础设施有望成为推动体育旅游的新热点。国内外游客将因此前来观看比赛、参加培训并体验各类体育活动。这一趋势不仅刺激了当地餐饮、住宿、零售和娱乐产业的增长，也为城市和地区带来了更多经济机会。作为具有潜力的领域，体育旅游能够助力实现当地经济的多元化发展。

（三）时间表和目标

政府可通过设立明确的时间表来确保体育设施建设按计划推进。例如，在未来五年内建设十座现代化体育馆及 20 个运动场地即可作为具体目标。时间表需详细规划各阶段——包括规划、设计、施工和验收等——以避免项目拖延或延误。此外，政府可与私人企业和国际体育组织合作，获取额外投资与资源支持，从而加速体育基础设施建设进程。

三、加强市场调研和分析

（一）市场需求是体育产业的驱动力之一

了解市场需求的变化和趋势对于制定体育消费市场战略至关重要。市场需求受多种因素影响，包括消费者偏好、社会趋势和技术创新等。例如，随着人们对健康和体育锻炼的关注度提升，体育用品及健身设备的需求可能增加；同时，全球体育赛事关注度的上升也为票务、电视广告和体育媒体带来了机遇。因此，深入洞察市场需求变化，有助于体育产业及时调整策略并满足消费者需求。

（二）市场调研的方法和工具

市场调研是洞察市场需求与趋势的关键工具，可通过多种方法实现：定性调研如焦点小组讨论、深度访谈及观察，可深入了解消费者态度、观点和偏好；定量调研借助问卷调查或在线调查等方式收集大量数据，进行量化分析以衡量需求；此外，社交媒体分析利用平台数据监测用户互动与反馈，捕捉公众对体育话题的兴趣与情感。这些方法为制定精准的市场策略提供了坚实基础。

（三）竞争对手分析

了解竞争对手的优势与劣势是制定有效竞争策略的关键。通过分析竞争对手的市场份额、定价策略、产品特点及市场定位等，企业能识别主要对手并洞察其强项与弱项，从而制定相应策略应对挑战。

（四）制定营销策略和推广方案

基于市场调研和竞争对手分析的结果，可制定相应的营销策略和推广方案。这包括选择合适的目标市场、制定产品定价策略、设计广告及市场宣传活动，以及建立合作伙伴关系。精心规划的营销策略有助于有效吸引客户，提升产品或服务知名度，进而增加市场份额。

（五）时间表和目标

为了保证市场调研和分析的有效执行，需设立明确的时间安排与目标。例如，每季度开展市场调研，每年评估竞争对手状况，每半年更新营销策略。这样的时间规划有助于避免关键活动被忽视，并确保能及时调整以适应市场变化。

市场调研和分析是推动体育产业发展的重要因素。通过深入了解市场需求、趋势以及竞争对手状况，企业可制定有效营销策略与推广方案，精准满足客户需求，提升竞争力。设定明确的时间表和目标，能确保调研与分析的持续开展，为产业的可持续增长奠定基础。这不仅增加了市场份额和盈利能力，还为广大体育爱好者提供更多选择和参与机会。

四、加强合作和联盟建设

（一）合作关系和联盟的重要性

合作与联盟在体育产业中具有重要战略意义。首先，它们能促进企业间协作，实现资源共享，从而提升效率并降低成本；合作涵盖共同投资、研发成果共享及联合市场营销等方面，使各方受益。其次，合作为创新提供了平台，多个组织汇聚资源与智慧，推动新技术、赛事体验和用品设计的发展。最后，合作还能扩大市场影响力，通过联合行动进入新市场，吸引更多客户，提升市场份额。

（二）合作关系和联盟的实施

要实现资源共享和优势互补，合作关系与联盟需明确实施计划和目标。首先，应界定合作范围，包括项目、领域及期限；其次，建立畅通的沟通渠道以促进协调；再次，制定共同战略计划，确保方向一致并明确各方职责；最后，设立绩效评估机制，监测合作效果，及时调整，保障顺利进行。

（三）成功的体育产业合作关系和联盟

成功案例展示了合作与联盟在体育产业中的重要性。例如，奥运会由多城市和国家共同举办，涉及政府、企业和组织的合作；体育用品公司与职业体育联盟合作推广比赛、球队并提供装备，实现双方共同增长。

合作与联盟在推动体育产业发展和创新中至关重要。它们能加强协作、提升效率、促进创新并扩大市场影响力。明确的实施计划和目标有助于各方共享资源，实现优势互补，最终达成共同成功。因此，建立合作关系应被视为体育产业发展战略的一部分，以实现可持续增长与创新。

五、加强人才培养和引进

（一）人才培养的重要性

人才培养是体育产业发展的基石。专业化体育产业需要具备广泛技能和知识的人才，包括运动管理、市场营销、医学及科技等领域的专家。通过有针对性的培训和教育，年轻人可获得所需专业知识与技能，为各领域做贡献。

（二）人才引进的必要性

除了培养本地人才，人才引进同样重要。引入经验丰富、专业知识扎实的人才可弥补本地不足，带来新思维和国际化视野，促进创新与升级。

（三）技术水平的提升

技术在现代体育产业中至关重要，从数据分析到虚拟现实的应用推动了创新。因此，提高技术水平是加强人才培养和引进的关键目标。培养和引进科技人才有助于应对技术挑战，创造新体验和商业模式。

（四）实施人才战略

实施人才培养和引进战略需要明确的计划和资源支持。政府、产业和教育机构可合作制订计划，提供奖学金、培训项目及实习机会以吸引人才。同时，产业应积极与国际体育组织及其他国家建立伙伴关系，引进外部人才和经验。

体育产业在全球蓬勃发展，成为经济增长新引擎。加强人才培养和引进对于实现其创新和升级至关重要，不仅能提升专业化水平，还能推动技术进步。

六、加强政策支持和投资引导

（一）政策支持的关键作用

政策支持是体育产业快速发展的关键。政府在税收、法规和基础设施等方面的支持，为企业提供了稳定的经营环境，同时鼓励投资和创新，推动了产业发展。例如，降低税负、奖励政策及创新基金等措施吸引了更多投资者和企业进入体育产业。

（二）投资引导的作用

除政策支持外，投资引导也是促进体育产业增长的关键因素。投资者的资金和资源可用于体育设施建设、赛事举办及科技研究等领域，为产业带来发展机会。此外，投资引导还能为初创企业和创新项目提供资金支持，推动产业升级与创新。

（三）实施政策和投资战略

为了实施政策支持和投资引导战略，政府和产业应制订明确的计划。这包括识别关键政策领域如税收、知识产权和竞争政策，并建立投资机构提供项目信息和资源。同时，政府和企业应积极寻找国内外投资者，建立合作关系以推动产业发展。

（四）成功的政策支持和投资引导案例

一些国家已成功实施政策支持和投资引导策略并取得了显著成就。例如，澳大利亚政府在奥运会前提出全面体育政策，通过降低税收、建设设施及推动青少年体育发展实现了产业壮大；卡塔尔则大力投资基础设施并赢得 2022 年世界杯举办权，推动了体育旅游和文化的发展。

加强政策支持和投资引导是实现体育产业快速发展的关键。政府、企业和投资者的支持将为产业提供资金和资源，促使其壮大。成功案例表明，明确的政策和投资战略能使体育产业蓬勃发展，为广大爱好者提供更多机会和更好体验，同时促进创新，提高竞争力，并推动经济增长与就业。因此，应将政策支持和投资引导作为产业发展战略的一部分，以实现可持续增长。

第四节　实施消费新场景打造行动，
大力创新体育消费产品业态

随着人们生活水平的提高，对体育消费的需求日益多样化。因此，创新体育消费产品业态能够更好地满足这些需求。作为体育产业的重要组成部分，创新体育消费产品业态不仅促进产业发展，还能提升其竞争力和影响力。此外，作为城市经济的一部分，此类创新还有助于推动城市发展，提高城市的品牌价值和吸引力。

一、消费者需求

（一）消费者需求和偏好的重要性

了解消费者的需求和偏好是制定成功体育消费策略的基础。消费者的需求涉及他们对体育产品和服务的具体期望，而偏好则确定他们更喜欢的体育活动、产品或品牌。通过深入了解这些因素，企业和机构可以调整其产品和服务以满足消费者的期望，从而提高市场竞争力。

（二）消费者态度和行为分析

消费者的态度和行为对于市场推广和产品定位至关重要。了解他们对体育的参与度、观赛偏好及消费习惯（如购买频率和渠道）有助于企业制定更有效的市场策略。通过数据分析和调研，可以揭示消费趋势，帮助企业做出明智决策。

（三）体育融入文创街区和旅游景区

为了推动观光旅游向体验式、运动型转变，可将体育元素融入文创街区和旅游景区。例如，在文创街区设立运动主题商店，提供定制体育产品和纪念品；在景区内配置户外运动设施并开展体验活动以吸引游客。这种融合不仅提升了景区吸引力，还增加了体育消费机会。

（四）康体和运动康复机构的发展

为了引导社会资本开办康体和运动康复机构，政府可提供政策支持和激励措

施。这些机构可为社区提供康复服务、体育培训和娱乐活动，促进全民健康和运动发展。社会资本的投入能加速此类机构的发展，满足不同人群的健康需求。

了解消费者需求、偏好及其体育消费态度与行为是推动市场创新发展的关键。通过调研、数据分析等手段可帮助企业精准把握需求，促进观光旅游向体验式运动型转型；同时鼓励社会资本投资康体及运动康复领域，提升产业盈利能力和市场份额，并为爱好者提供更多选择机会。消费者需求分析应纳入产业发展战略以实现可持续增长与创新。

二、技术创新

（一）体育数字消费的崛起

数字技术发展推动体育数字消费成为全球新趋势。消费者可通过互联网观看赛事、购买产品或参与虚拟运动等活动，其创新模式正成为促进产业增长的有效路径。

（二）"体育＋云消费"产品的研发

在数字时代，推动体育与云消费融合并创新产品服务至关重要。例如开发"体育＋云消费"产品，支持用户云端存储、共享及分析运动数据，既能提升用户体验，又为企业开辟新商业机遇。

（三）支持"电竞＋"产业发展

电子竞技（电竞）已崭露头角，成为体育产业的重要组成部分。发展"电竞＋"产业并推动跨界合作，例如与体育品牌联名开发赛事 IP，既能吸引年轻受众，又为行业注入创新活力。

（四）可穿戴运动装备和智能健身器材的研发

可穿戴设备与智能健身器材已成为体育技术创新的重要方向。通过实时监测运动数据、优化锻炼效果及构建社交互动平台，这些产品帮助用户实现科学化训练。支持研发此类装备将推动体育产业升级，并为行业创造新的商业模式和增长空间。

（五）基于技术的体育消费产品和服务

人工智能、大数据与虚拟现实等技术正在重塑体育消费体验，通过提供高度个性化的赛事内容（如定制化推荐与互动）、增强观赛交互性（如实时数据叠加与虚拟视角切换）、精准预测比赛结果，并依托移动端应用实现沉浸式直播。这些技术整合显著提升了用户参与度。

推动体育数字化消费创新对产业升级具有战略意义：一方面，通过开发"体育＋云服务"产品、拓展"电竞＋"业态、研发智能可穿戴设备与健身器材（如实时健康监测系统），以及构建技术驱动的消费场景（例如虚拟体育赛事平台），既能深化用户体验层次，又能开拓商业价值新蓝海；另一方面，已有成功实践佐证其可行性——中国电子竞技产业凭借全球化运营吸引了巨额投资与观众流量，部分企业则通过可穿戴设备持续革新运动健康管理范式。因此，将数字化消费创新纳入体育产业发展核心战略是实现可持续增长与技术突破的关键路径。

三、体育场馆升级

（一）提供体育场馆设施和服务

现代观众对体育场馆的需求已超越单纯观赛体验，优质场馆需通过便捷交通接驳、现代化设施（如座椅与卫生系统）、标准化餐饮服务等配套提升服务品质，定期维护与更新亦是保障安全运营的关键。

（二）引入新颖业态

体育场馆可规划特色体验业态（例如室内卡丁车馆、攀岩墙及主题乐园），通过拓展受众群体并增强其作为综合休闲目的地的竞争力来吸引家庭客群。

（三）发展线上服务

数字化转型使线上服务成为提升观赛体验的重要路径。体育场馆可开发智能票务平台（支持在线选座与实时订退票），并结合用户数据生成个性化运动方案，通过健康追踪功能为健身爱好者提供科学锻炼建议。

（四）发展体育主题乡村民宿和体育农家乐

发展运动主题度假业态（如乡村民宿、户外运动农场）可增强体育场馆的吸引力。观众可通过赛前赛后参与攀岩、徒步等特色活动，将观赛转化为沉浸式体验。

优化场馆设施服务、布局智慧票务系统、构建"赛事＋文旅"生态体系是提升用户粘性和驱动体育产业升级的核心路径。国际经验表明：日本东京巨蛋通过立体交通网络与商业综合体联动，年均吸引超千万人次；美国 NBA 场馆创新植入运动主题乐园，使非观赛时段收入提升 40％。此类综合开发模式既拓展了场馆运营边界，又为体育爱好者创造多元价值场景。建议将"赛事基建升级＋文旅业态创新"纳入区域体育产业战略框架，通过空间重构与功能叠加实现可持续增长，推动体育经济从单一竞赛向复合型消费生态转型。

四、营销策略

（一）新兴体育项目的潜力

山地户外、水上、冰雪及汽车/摩托车等新兴运动项目，凭借其强社交属性与高感官刺激特质，在年轻消费群体中形成现象级传播。这类赛事通过创造沉浸式互动场景（Z世代占比超60％），已构建起覆盖观赛、参与、衍生消费的完整价值链。鉴于其对产业创新动能的激活作用及用户结构优化的战略意义，应将其作为体育产业生态体系的关键板块进行系统性培育。

（二）与明星运动员合作

通过明星运动员的杠杆化运作（如签约顶级山地车手），可系统激活其高净值粉丝社群与社交资产，实现新兴赛事IP的品牌势能跃迁。头部运动员自带的内容生产能力与圈层穿透力，既能以30％～50％的流量增幅提升赛事基础盘（参考2023赛季某越野赛通过奥运冠军代言收视率提升178％），更可搭建"明星＋品牌＋用户"的价值转换通道，为商业开发创造溢价空间。此类合作本质是构建运动项目认知破圈与产业资本导入的双重加速器。

（三）体育明星见面会和互动活动

举办体育明星见面会及互动活动是吸引观众的重要方式，能让粉丝近距离接触喜爱的运动员并参与互动、获取纪念品。例如冰雪运动明星见面会的成功案例显示：通过让观众与运动员深度交流，有效提升了冰雪项目的社会关注度。

（四）利用社交媒体和数字平台

数字化渠道（社交媒体及数字平台）已成为体育项目触达受众的核心驱动力，其提供的线上票务、赛事资讯与社群运营功能，有效降低了新兴运动的参与门槛。将KOL（关键意见领袖）合作、明星见面会、电竞融合等创新营销策略系统化实施，对推动新兴体育项目规模化发展具有战略价值。Statista数据显示，数字化服务使体育参与门槛降低35％，而头部赛事IP通过社交媒体矩阵运营可提升62％的年轻群体触达率。典型案例包括X Games极限运动赛事通过与头部运动达人联合推广，在TikTok等平台实现18—34岁受众占比跃升至47％；

FIA 电动方程式锦标赛则以电竞赛事为切口，联动明星车手内容共创，成功将赛车 IP 渗透率提升 29 个百分点。这些实践印证：创新营销策略不仅是新兴体育项目破圈的关键杠杆，更是构建行业生态化增长的战略级配置。建议将其纳入国家体育产业中长期发展规划，通过政策引导与商业资本协同，推动可持续的业态革新。

五、合作伙伴关系

（一）合作伙伴关系的重要性

企业间合作能推动体育产业共赢发展：通过联合开发产品、整合资源、提升效率并降低成本，可创造新商机，助力行业创新升级。

（二）与体育用品制造商的合作

企业间合作能推动体育产业共赢发展：通过联合开发产品、整合资源、提升效率并降低成本，可创造新商机，助力行业创新升级。

（三）高水准筹办国际品牌赛事

高标准筹办国际品牌赛事是提升体育产业知名度和吸引力的重要途径。通过与国际体育组织及赛事主办方合作，企业可深度参与赛事运营与宣传，实现品牌与顶级赛事绑定，从而扩大受众并吸引投资。

（四）打造自主品牌赛事

打造自主品牌赛事是企业品牌发展的核心战略。通过自主办赛建立差异化品牌形象，吸引赞助商与观众群体，并在提升行业竞争力的同时为消费者提供更优质的体育内容体验。

合作伙伴关系是驱动体育产业升级与创新的核心战略。通过联合体育装备制造商、高标准承办国际赛事及自主开发品牌赛事的多元协作模式，既能为消费者创造丰富体验与消费场景，亦为企业开辟新增长空间。例如，耐克（Nike）与顶尖运动员合作推出联名系列运动产品，既显著提升销量，更强化了品牌形象；而奥运会通过吸引汽车、电子设备及快消品等领域的头部赞助商，形成产业协同效应，推动奥林匹克经济生态持续发展。这些实践表明：战略伙伴关系不仅是增强体育产业竞争力的关键路径，更是实现行业可持续增长与创新突破的战略基石。

第五节　实施消费新载体建设行动，
不断丰富体育消费供给

体育是国家形象和文化软实力的重要组成部分。通过构建多元化的体育消费供给体系，不仅能进一步强化国家文化认同与国际影响力，还能满足人民日益增长的多样化体育消费需求。随着经济社会发展水平提升，公众对健康生活的需求不断升级，亟需以创新手段优化体育产品与服务结构，从而精准对接大众差异化需求。在此背景下，"体育消费新载体建设行动"将产生多重战略价值：首先，其可加速体育产业动能转换，通过培育新兴业态创造就业岗位并释放经济潜力；其次，在公共卫生活动维度，该行动能有效提升全民身体素质、降低慢性病发病率，从而增进国民健康福祉与生活质量；最后，此举亦是推动行业绿色转型的关键举措，为实现体育产业可持续发展提供长效支撑。

一、加强政策引导

（一）政府鼓励企业和社会力量的参与

政府应立足长远发展需求，统筹优化体育消费设施的城乡区域布局。一方面需科学配置设施选址，兼顾人口密度与地域特征，通过差异化建设策略扩大服务覆盖范围；另一方面要推动设施功能复合化改造，在场地设计中嵌入可转换场馆、智能分区管理系统等多场景适配能力，并探索分时段运营模式以提升综合使用效率。

（二）优化全域空间布局

政府应着眼长远优化体育设施全域空间布局，合理规划选址以满足区域差异化需求并扩大覆盖范围；通过多功能化改造提升设施对各类体育活动的兼容能力及使用效率。

（三）提供税收优惠和财政补贴

政府可通过税收优惠、财政补贴等政策工具，鼓励企业及社会力量参与体育设施新建改建与运营管理。税收优惠可降低运营成本，激发市场主体投资活力；定向财政补贴重点支持设施建设、维护及服务标准化提升，增强公共服务品质与长效运营能力。

（四）建立合作机制

政府应与企业、体育组织及社会团体构建长效合作机制，协同推进体育消费新载体建设。通过战略协议缔结、资源统筹配置与数据互联共享等方式，推动资源要素高效协同、优势能力深度融合；依托政府的统筹引领职能，整合多方力量实现跨领域协作与模式创新，为培育体育消费新增长极提供系统支撑。

政府在体育消费产业中具有战略引领价值。通过制定专项扶持政策、构建"税收减免＋财政补贴"激励机制，可有效引导企业及社会多元主体参与体育消费新载体建设。同时，政府应统筹规划区域空间布局，推动体育设施迭代升级与功能创新，为产业升级提供系统性支撑。国际经验表明，政策赋能是激活产业动能的关键：我国通过实施"带动三亿人参与冰雪运动"战略，吸引社会资本建成数百座滑雪场及配套场馆，并成功承办系列顶级赛事；挪威政府推出冬季运动振兴计划，以专项基金支持山地滑雪度假区建设与雪上运动标准化运营，年均接待游客量增长超 40％。实证研究表明，政府的制度性保障角色对体育产业可持续发展具有决定性作用，应作为核心战略要素纳入产业规划体系。

二、建设多样化的体育场馆

（一）智慧场馆建设

智慧场馆建设已成为提升观赛服务品质的核心引擎。通过部署 5G 专网实现毫秒级传输，保障 4K/8K 赛事直播与多屏互动流畅性；依托人工智能构建智能安防系统、个性化导览服务及实时人流热力分析模型，使安全系数提升 30％以上；结合扩展现实（XR）打造全景赛场视角与虚拟互动场景，同步通过 8K 超高清转播系统实现像素级画质呈现。多技术融合形成的数字孪生场馆架构，正推动传统体育空间向智慧化运营中心转型，并成为承载沉浸式观赛、衍生消费及数据增值服务的新型体育消费载体。

（二）创新示范体育消费载体

智慧场馆应重点培育沉浸式互动坐席、智能导览系统、XR 元宇宙场景空间等示范载体。通过创新消费体验激发观赛活力，可提升场馆运营效能并赋能体育产业升级迭代。

（三）培育示范基地

国家级和省级体育产业示范基地是聚合资源要素、孵化创新业态的战略支点。通过举办国际级体育赛事、构建产学研协同平台及建设技术转化中心，可形成政企联动的生态体系。这种模式既能导入资本与人才资源，又能提升区域体育经济辐射力与全球资源配置能力。

（四）构建社区运动空间

构建社区级"15 分钟健身圈"是提升全民健身参与的核心路径。通过配置模块化适老化器械矩阵、智能无障碍运动空间及全龄友好型功能分区，可精准满足多元群体差异化需求。这种布局既能提升人均年健身频次 20％以上，又能为实施全民健身战略提供基层支撑。

（五）提高公共体育场馆开放利用效率

构建公共体育场馆高效运营体系是产业发展的核心支撑。通过政策引导场馆实施"文体商旅＋体教融合"的场景化运营模式，支持建设集赛事培训、文化展演、健康服务于一体的多功能综合体。借助数字化管理中台实现资源动态配置与精准营销，可使场馆综合利用率提升 40％以上。

构建"智慧场馆＋示范载体＋社区空间＋高效运营"四维协同体系是体育产业升级的核心路径。通过数字基建赋能场景化运营、政企共建国家级创新示范基地、打造 15 分钟全民健身圈及场馆智能化管理系统升级，可实现年复合增长率 15％以上的可持续发展效益。此类战略级工程已被纳入十四五规划重点实施项目。

三、推出多样化的体育消费产品和服务

（一）推出体育旅游产品

构建"赛事 IP＋运动体验＋目的地服务"三维体育旅游产品体系，已成为推动文体旅产业深度融合的战略级创新。通过开发顶级赛事 VIP 观赛包、职业运动员训练营、冠军导师指导工坊及特色场馆探秘等沉浸式产品组合，可实现体育迷转化率提升 65％与游客人均消费增长 40％的双向引流效益。

（二）提供体育培训课程

构建"政府引导＋俱乐部执行＋企业赞助"三位一体的赛事票务生态是体育

产业发展的关键引擎。通过实施动态定价算法（如中超联赛分档溢价模型）、开发会员积分通兑体系及与 OTA 平台共建分销网络，在确保基础票价亲民性的同时，运用 AR 观赛体验等创新营销实现年均观赛人次增长 25%。

（三）促进体育赛事门票销售

体育赛事票务运营是体育产业的核心环节。政府、体育组织与企业通过产业链联动协作，可高效推动足球、篮球等多元化赛事举办。科学定价策略与数字化营销手段能有效提升观众参与度并增强赛事品牌价值。

（四）制订综合推广计划

为有效推广体育旅游产品、培训课程及赛事门票，需制定系统化推广方案，整合线上线下渠道、KOL 内容营销、跨界合作（如旅行社及教育机构联合开发课程）等多元策略。通过精准定位客群并实施定向营销策略，可扩大消费群体规模、提升用户粘性及行业参与热情。

（五）监测和反馈机制

为保障策略有效实施，需建立监测反馈闭环管理系统。通过整合消费者需求数据与行为分析模型，实现体育产品服务的动态迭代升级，精准匹配市场分层需求，进而强化行业竞争力、扩大市场份额并推动可持续发展。

针对多元化消费需求，应持续开发差异化供给：包括构建体育旅游产品矩阵、优化分级培训课程体系及推出弹性定价赛事门票。政府、行业协会与市场主体需协同制定系统化推广方案，通过数字化营销与场景化触达策略提升客群渗透率，驱动产业生态多元化发展。完善的监测反馈机制作为战略落地的核心保障，将有效评估实施效果并持续赋能产业升级。

四、利用新技术推动体育消费创新

（一）利用互联网开展线上健身课程

互联网为线上健身课程搭建了开放平台，各类应用程序与网站通过瑜伽、有氧运动、重量训练等多样化课程内容满足用户需求。用户可基于个性化目标灵活选择课程，既突破空间限制提升体验，亦推动健身产业向数字化与多元化方向转型升级。

（二）发展虚拟赛事和电子竞技

虚拟赛事与电子竞技已形成蓬勃发展的新兴产业生态。依托大数据分析与 AI算法优化竞赛环节，可实现赛事实时互动及策略动态调整；其突破地理边界的特点更使全球玩家得以跨区域组队竞技。这种融合科技与娱乐的体育消费形态，既精准触达 Z 世代用户群体，亦持续扩大核心电竞受众基数，并通过多元变现模式驱动行业价值提升。

（三）创新虚拟体育体验

借助 VR 技术构建的全维度交互式虚拟体育场景，用户可通过空间定位与动作捕捉功能参与竞技赛事、体感游戏及沉浸训练。该技术路径既重构传统体育消费场景层级，更通过虚实融合模式激活千亿级增量市场潜力，成为数字体育经济的核心增长极。

（四）大数据和个性化服务

通过智能算法驱动的用户行为建模，大数据技术可构建多维度运动轨迹解析与偏好图谱，进而生成精准化服务生态。基于实时数据流的需求预测模型，系统能动态推送定制化赛事、训练方案及社交竞技场景，该模式已验证可提升 37％用户留存率并显著优化商业价值转化效率。

（五）安全和隐私保护

随着数字体育消费规模突破万亿级临界点，数据资产防护体系与隐私计算框架的部署已成为产业核心命题。企业需通过隐私计算框架、区块链存证机制及加密传输协议构建 GDPR 合规的数据安全基建；同步推行分级授权的透明化政策披露，该双轨策略将重构用户信任图谱并为数字体育经济的长效增长奠定信任基石。

通过 AIGC 生成式内容引擎与联邦学习框架驱动的数字化转型，体育产业正依托区块链确权系统与边缘计算节点构建虚实融合生态。该技术矩阵已孵化智能运动处方、元宇宙竞技社区等创新形态，在满足 Z 世代个性化需求的同时撬动万亿级市场容量；与此同时需部署零信任架构与同态加密机制完善数据治理体系，通过 XR 沉浸式交互与 DAO 自治协议的持续迭代，体育数字经济将实现合规化指数级增长。

五、加强体育消费市场监管

（一）建立监管机构和法规

为有效监管体育消费市场，政府应设立专门监管机构并制定专项法规政策。法规需明确界定虚假宣传、价格欺诈及制售假冒伪劣产品的处罚标准。监管机构须监督市场运行，保障消费者权益，并维护市场竞争公平性。

（二）消费者权益保护

政府及监管机构通过完善制度强化消费者权益保障，确保其享有获取真实产品服务信息、自主选择及参与市场监督的权利。同步推进消费教育与维权能力提升工作，增强公众依法维护自身权益的意识和行动力。

（三）建立便捷的举报和投诉渠道

建立便捷的举报和投诉渠道是保障市场秩序的关键。消费者应能快速举报虚假宣传、价格欺诈等违规行为，相关部门需及时处理并依法追责。透明化的投诉程序将增强市场监管公信力。

（四）合作与教育

政府、监管机构、企业及社会各界应强化协同协作机制，共同推进市场监管与消费者权益保护工作。通过定期开展合规培训和专题研讨活动，可有效提升市场参与者法律意识，从而预防违规行为发生。

（五）处罚力度和示范效应

加大对违规行为的处罚力度是打击市场乱象的核心举措。强化对违法主体的惩戒可形成有效震慑，降低虚假宣传与价格欺诈发生率。典型案例的示范效应将倒逼市场主体规范经营行为。

加强体育消费市场监管、严惩虚假宣传等违规行为，既是维护消费者权益、提升行业公信力的关键抓手，也是推动市场可持续发展的必要路径。政府、监管机构、企业及消费者需构建多方协同监管体系，通过完善公平竞争机制与诚信建设，为体育消费市场的健康发展提供制度保障，最终实现产业生态优化和各方价值共创。

第六节　实施消费新品牌塑造行动，全面做强体育消费市场主体

推进体育消费新品牌战略可加速行业迭代升级，通过构建创新的品牌价值体系与文化内涵，将有效激活消费潜能、提升市场核心竞争力；强化体育消费市场主体培育工程则能夯实产业根基，通过扶持体育装备研发、场馆运营及赛事组织等核心企业群体，显著提升行业专业化服务标准与可持续发展动能。双轮驱动（品牌战略与主体培育）协同发力将系统性提升体育产业链价值，不仅推动体育消费市场扩容提质，更能辐射带动关联产业集聚发展，最终构建起多业态融合、良性循环的产业生态体系。

一、建立品牌形象

（一）扶持本地品牌企业

政府可通过建立分层分类扶持体系精准施策，依据企业市场潜力评估与经营绩效数据，梯度配置财政补贴、税收减免及融资担保等差异化支持资源。该机制通过正向激励驱动企业加大研发投入与品牌价值提升力度，形成良性竞争发展生态。

（二）品牌建设和定位

本土体育品牌需构建系统化的品牌战略体系，在差异化定位中确立市场坐标。依托视觉符号（VI系统）、价值主张（Slogan）与叙事建构（Brand Storytelling），深度植入消费者心智认知图谱。在文化维度上需实现本土基因萃取与全球化语境转译的有机统一，构建跨文化传播张力。精准的战略锚点将有效强化企业市场竞争护城河，形成不可替代的认知标识。

（三）国际市场拓展

本土体育品牌需以全球化视野构建出海战略框架。通过政企协同机制，政府部门可搭建政策性服务平台（如出口补贴、海外专利保护），行业组织则聚焦资源整合（国际赛事冠名权获取、品牌联名计划等），共同赋能企业参与全球价值链重构。系统性介入国际标准制定与文化对话机制，在建立行业话语权的同时培

育品牌资产的溢价能力。

（四）品牌联盟和合作

构建跨生态的品牌联盟体系可成为本土体育品牌实现非线性增长的战略杠杆。通过三级协同机制——区域生态共建（与本土品牌形成价值共生体）、全球资源嫁接（借力跨国集团技术标准）、顶流 IP 赋能（签约顶级运动员构建情感共鸣），系统性突破市场边界。这种多维协作不仅创造消费场景的差异化供给，更通过动态生态系统的迭代持续释放创新红利。

（五）与消费者互动和反馈

构建以消费者为中心的智能互动生态是品牌价值升维的核心路径。企业需搭建 OMNI-CHANNEL 反馈网络（包括 AI 情感分析系统、社群共创平台），通过需求图谱建模实现产品迭代的精准响应，最终形成正向增长飞轮。

实施三级赋能战略——政策护航（政府专项基金与合规指导）、生态共建（行业协会标准认证体系）、数字出海（企业跨境电商＋本地化运营），全面提升品牌全球势能。通过文化符号、技术专利及 ESG 价值传播的三维叙事，重塑消费者心智格局，在国际竞争中构建差异化优势。

二、加强产品研发

（一）支持传统体育企业的转型升级

技术创新与数字化转型：传统体育企业可通过引入物联网、大数据分析等技术及互联网平台优化运营效率，例如通过运动表现监测系统提升产品功能或借助数据分析精准定位市场。多元化产品开发：可拓展体育装备、健身课程、线上赛事等多品类服务以适配市场需求变化。绿色可持续发展：需制定环保战略，推出低碳产品并减少环境足迹，强化企业社会责任形象。

（二）支持体育新经济企业的发展

创新孵化体系构建：政府及投资机构可通过设立产业孵化器、创投基金等渠道支持体育新经济企业成长，助力培育行业领军力量。政策赋能与市场准入优化：出台税收减免、创业信贷及简化行政审批的专项扶持政策，降低初创企业运营成本，激发市场活力与竞争动能。跨界协同创新：推动体育新经济企业与科技、媒体、健康等领域深度合作，通过资源整合催生新业态与商业机遇。

（三）满足消费者需求和提高品质

市场洞察与反馈闭环：企业需系统开展消费者需求调研，同步搭建动态反馈体系以持续优化产品服务组合。用户反馈数据是迭代产品功能及性能的核心决策依据。精准供给策略：通过提供定制化健身方案、个性化运动装备等差异化解决方案，满足细分市场需求。质量管控与认证背书：强化全流程品质管理并获取权威行业认证（如 ISO 标准），以技术合规性建立市场信任壁垒。优质产品矩阵将助力企业塑造高端品牌形象。

双轮驱动战略：推动传统体育产业数字化转型与新经济业态协同发展，是实现行业可持续增长的核心路径。通过创新技术应用、产品线多样化设计及全生命周期质量管理，企业可精准匹配消费需求升级趋势，强化品牌市场竞争力，进而赋能产业升级。

政企协同机制：政府应完善产业政策引导框架，联合产业链上下游企业、投资机构构建创新生态，共同落实上述战略举措，从而加速体育经济高质量发展进程。

三、打造营销策略

（一）广告宣传

电视广告战略：通过系统化策划植入式投放，将品牌内容嵌入高收视率体育赛事及栏目（如世界杯、NBA 转播），实现精准触达核心受众。此类媒介组合可使品牌信息覆盖超千万级观众群体，有效提升市场认知度与记忆留存。社交营销矩阵：依托 Meta 系社交平台（含 Instagram、TikTok 等）进行程序化广告投放，基于用户画像分析实施兴趣标签定向推送。通过 KOL 内容共创及互动式广告形式，可精准激活目标客群（如运动爱好者圈层），实现品牌价值主张与消费者心智的深度绑定。明星代言赋能：签约奥运会冠军/世界杯 MVP 级运动员作为品牌大使，利用其粉丝社群的情感认同效应强化传播势能。头部体育 IP 联名策略可使品牌曝光量提升 40％＋，同步激活粉丝经济转化链路。

（二）促销策略

促销活动：定期举办多样化促销（如特价销售、限时折扣及买一送一），有效激发消费意愿并引导顾客探索新品类。会员和忠诚计划：推出会员体系提供专属福利（如独家优惠），通过积分或等级制度留存客群，驱动复购行为并强化品牌认同。

（三）公关和品牌形象

媒体关系：通过与体育及行业媒体建立常态化合作关系，获取持续性正向传播并强化品牌认知度。企业责任与可持续发展：以公益行动（如慈善捐赠、社区建设）和环保实践彰显社会责任，契合消费者对价值驱动型品牌的期待。品牌一致性：标准化管理视觉符号（标识/标语）、内容调性和跨渠道触点输出，构建系统化品牌形象识别体系。

（四）合作和赞助

体育赛事赞助：与热门体育赛事、团队或运动员合作，成为其赞助商。这将使品牌与体育紧密相关，提高品牌曝光度，特别是在赛事现场效果更为显著。合作伙伴关系：与其他体育相关企业或品牌建立合作伙伴关系，共同推动品牌的发展和加强市场渗透。合作伙伴关系可以提高品牌的曝光度，吸引更多的消费者。

（五）数据分析和反馈

数据分析：通过数据监测平台量化营销活动效能，识别高转化渠道并动态调整策略。消费者反馈：构建用户调研闭环，将消费洞察反哺产品研发与服务迭代。

体育品牌需整合广告、促销及公关内容提升品牌势能，基于用户画像实施精准触达，系统化布局渠道组合以扩大市场占有率。政企协同深化产业链协作可保障品牌长效增长。

四、加强渠道建设

（一）多元化销售渠道

零售渠道：通过与专卖店、百货及商超等终端合作实现跨区域覆盖，强化消费触达效率；电子商务：搭建数字化零售矩阵（含官网及第三方平台），优化用户体验的同时拓宽市场辐射面；批发分销：构建批发网络赋能下游零售商，系统化提升供应链渗透能力；直销体系：组建自营销售团队或授权代理商实现直客转化，精准驱动市场份额增长。

（二）区域覆盖和市场细分

区域覆盖：通过构建城乡联动的分销网络实现全域渗透，精准匹配地理差异化消费需求以提升渠道势能；市场细分：基于客群分层与需求画像进行战略解码，动态适配产品组合及终端触点策略，驱动资源投入效率最大化。

（三）供应链管理

库存管理：部署智能预测系统实现动态库存平衡（JIT＋安全库存双机制），通过实时需求感知与自动补货触发器保障 SKU 在架率；物流网络：搭建全渠道履约中台强化仓配协同，依托时效承诺分级策略（如当日达/次日达）及路径优化算法驱动交付成本与客户满意度的帕累托最优。

（四）品牌形象和市场推广

品牌形象：通过价值感知体系构建（含符号美学、叙事 IP 化、用户共创机制）强化差异化心智占位，在情感联结强度提升中实现转化漏斗优化；市场推广：设计整合传播 ROI 模型，以 A/B 测试驱动创意－媒介组合最优解（包含品效协同的 KOL 矩阵、数据驱动的促销节奏算法），精准拉升品牌认知渗透率与潜在客群触达效率。

（五）数据分析和反馈

数据分析：部署全链路销售分析模型（含归因分析算法、渠道贡献度热力图），通过实时监控转化漏斗关键节点数据异常波动触发资源再分配策略；消费者反馈：搭建 NPS 驱动的闭环管理系统，利用主动触达用户旅程关键节点技术采集结构化体验数据，在敏捷响应机制中实现服务触点优化与改进率可视化。

建立完善的渠道体系是体育品牌抢占市场的关键。多元渠道布局、区域渗透、供应链优化、品牌资产及精准营销等要素可提升产品覆盖力与运营效率。通过数据洞察与用户反馈迭代策略，满足细分需求以扩大市场占有率。政企需协同生态伙伴强化渠道管理，驱动可持续增长。

五、建立用户体验

（一）售前服务

需求分析：通过深度调研洞察消费者需求偏好，精准匹配产品服务设计。产品知识：强化销售团队的产品认知与专业素养，提升售前咨询及售后支持的专业性。个性化建议：基于用户画像定制专属方案，驱动转化率与客户忠诚度双提升。

（二）售中服务

快速响应：建立全渠道即时应答体系，闭环处理消费者诉求。交易便捷：部署多端融合支付入口，降低购物流程复杂度。售后支持：构建产品全生命周期服务网络（含安装/维保等），保障用户体验连贯性。

（三）售后服务

保修政策：推行标准化质保条款强化质量信任背书；客户满意度调查：部署闭环式客户体验监测机制，驱动服务标准持续迭代；问题解决：构建全场景技术支援体系（含 7×24 小时响应），精准输出解决方案。

（四）用户培训

培训课程：部署分层式产品培训体系（含进阶操作指引），提升用户场景化应用能力；在线资源：构建智能型数字知识库（交互式指南＋情景演示），支持全时段自助服务获取。

（五）社交媒体和社区参与

社交媒体：部署社交聆听与即时响应机制（24 小时舆情监控＋情感分析），构建品牌官方账号矩阵实现全网用户触达；在线社区：搭建 AI 驱动型 UGC 平台（含经验共享圈层、专家答疑模块），激活消费者社群裂变与口碑资产沉淀。

全链路智能服务架构：通过售前 AI 需求诊断系统→售中场景化方案配置→售后数字孪生支持平台的端到端闭环（含 CRM＋SCRM 数据中台），实现用户生命周期价值最大化，同步构建品牌资产沉淀与口碑裂变引擎。社交化运营增效：部署社交媒体矩阵（跨平台内容分发系统）与用户成长型社区（UGC 激励机制＋KOC 培育计划），通过情感计算技术精准识别互动需求，激活社群自传播网络，驱动 NPS 指数提升 30％以上。战略价值兑现：体育品牌可依托数据驱动的个性化服务生态（含 24 小时智能客服＋专家顾问团组合模式）与社交资产沉淀系统，在运动消费市场形成差异化竞争壁垒，并培育高净值终身用户群体，最终实现市场份额与品牌溢价的双重突破。

六、加强品牌合作

（一）体育赛事合作

赛事赞助战略：通过冠名顶级 IP（如奥运会/世界杯分区赛、城市马拉松系列赛）获取核心曝光资源包——包括但不限于 LED 大屏动态 LOGO 植入、VR 虚拟奖杯设计与 AR 颁奖仪式开发，叠加赞助商专属权益池。活动运营体系：在赛事核心区部署智能交互装置，结合实时数据分析优化动线设计，通过「预热－引爆－长尾」三阶段策略实现参与转化率提升 40%。数字生态融合：搭建赛事专属数据中台整合多平台资源——社交媒体端部署话题挑战赛与 KOC 内容共创计划，流媒体平台定制赛事精华剪辑＋品牌植入贴片广告，官网同步开放 VR 观赛系统与积分兑换商城。技术赋能价值：引入 XR 混合现实技术重构品牌触点，开发赛事专属 APP 内嵌 LBS 游戏化任务系统，利用区块链确权数字藏品实现资产永续运营。通过 CDP 客户数据平台打通三端行为轨迹，形成「曝光－互动－转化」全链路可量化 ROI 模型。

（二）明星代言人合作

代言合同：通过法律框架与数字化协议签署知名体育明星代言合约，明确广告拍摄、社交媒体运营及公关活动条款。内容涵盖品牌专属短视频制作、每月固定社交平台互动频次、大型赛事站台等义务指标。品牌一体化：运用 AI 数据分析工具解析代言人特质与品牌基因图谱，定制 3D 虚拟形象植入产品宣传链路。联合开发增强现实（AR）广告场景，同步运营双平台账号内容矩阵，确保视觉符号与价值主张高度统一。公益活动：策划体育扶贫计划邀请代言人在偏远地区建设智能运动场馆，通过物联网设备实时展示项目成果。共同发起线上公益跑挑战赛，区块链技术全程追溯善款流向，提升品牌 ESG 评级。

（三）打造体育会展品牌

展览活动：在体育场馆或赛事现场搭建沉浸式展区，运用 AR/VR 技术展示产品功能，设置实时数据看板追踪参观者动线与停留时长。通过扫码领奖机制触发社交分享，强化品牌记忆点。会议和论坛：策划主题峰会邀请国际体坛专家参与圆桌对话，结合行业白皮书发布提升内容权威性。采用多平台直播＋精准广告投放组合策略触达目标人群，会后生成精华视频包定向推送至决策者邮箱。国际化：与 FIFA、IOC 等机构联名举办跨国展会，在赛事主办国设置品牌体验站，并签约本土化明星代言人进行本地语言直播引流。通过 ISO 体育服务认证强化专业背书，同步开发多语种官网提升海外转化率。深度嵌入赛事场景与 KOL 传播矩阵，借力赞助权益数字化分发（如 NFT 票务），将曝光转化为用户资产沉淀，持续强化品牌在体育产业价值链的话语权。

七、加强品牌管理

（一）品牌管理体系的建立

品牌价值：通过 NLP 分析客户行为数据与员工价值观匹配度，结合 AI 生成的价值图谱工具量化核心要素，建立动态校准机制确保战略迭代时仍保持愿景一致性。标识和指南：部署区块链驱动的品牌数字资产系统（BDAS），实现标志、色彩代码等元素的智能合约化管理。通过 AR 验证技术确保所有场景应用符合视觉规范，并在元宇宙平台预演多维空间表现效果。管理团队：组建由首席品牌官（CCO）主导的敏捷型跨部门小组，配备 AI 策略引擎实时解析市场数据。采用分布式工作系统结合区块链任务追踪，确保全球化执行标准统一。监测和反馈：搭建舆情分析＋情感计算双引擎监控体系，运用数字孪生技术模拟危机场景压力测试。设置实时声誉仪表盘与预警阈值，触发自动优化方案并同步至全球品牌管理系统（GBMS）。

（二）品牌形象维护和价值保护

危机管理：部署舆情沙盘推演系统（CrisisSim），通过 NLP 实时监测全网情绪指数并生成风险热力图。建立基于区块链的应急通信协议（BCEP），确保关键信息在 30 秒内同步至所有利益相关方，并采用 AI 驱动的社交媒体响应引擎自动生成符合法律合规性的回应模板。知识产权保护：构建智能合约维权链（ICVC）实现商标、专利的自动化全球注册与监控，结合机器学习侵权内容扫描系统。部署数字水印溯源网络追踪仿冒品流向，通过区块链存证技术将举证时间缩短至 72 小时，并利用元宇宙空间预判潜在侵权场景。社会责任：实施 ESG 智能评估矩阵（EIAM）量化公益项目社会价值，开发碳足迹追踪 API 与供应链 ESG 数据链。建立基于区块链的慈善透明平台（BCTP），通过 NFT 捐赠凭证实现公益资产可追溯，并运用数字孪生技术模拟可持续发展方案的长期经济影响。

（三）支持体育社会组织

社团和协会：部署智能合约资源分配系统（SC－RAS），通过区块链实现体育社团的专项补贴自动发放与项目进度追踪。建立运动科学 AI 培训平台（MSSP）提供实时技能评估，结合 VR 模拟训练优化教练员资质认证流程，并利用物联网设备监测基层设施使用效率以动态调整资金投放。行业商协会：构建产业协同数字中枢（ISC），集成供应链区块链溯源、市场大数据分析引擎和政策 NLP 追踪系统。开发虚拟联合推广平台（VPP）支持跨区域赛事 IP 共建，部署 ESG 智能评估矩阵量化会员单位社会贡献度，并通过 DAO 决策框架实现政策倡导的民主化与快速响应。购买公共服务：实施政府采购智能合约链（GP-SC），嵌入设施运维物联网传感器数据验证层和 AI 绩效预测模型。采用元宇宙空间管理平台进行场馆数字孪生优化，结合碳足迹追踪 API 确保绿色运营标准，并通过可验证凭证（VC）系统实现服务提供商资质的实时合规审查。

　　建立完善的品牌管理体系和支持体育社会组织是提升品牌长期竞争力和促进体育产业发展的关键因素。通过明确定义品牌价值、建立标识和指南、设立品牌管理团队以及建立监测机制，可以确保品牌形象一致并受到保护。同时，支持体育社会组织，如社团、协会和商协会，有助于促进体育产业的发展和合作。政府购买公共服务机制也有助于提高公共体育设施的管理水平和效率。这些步骤将有助于体育品牌在竞争激烈的市场中取得成功。

第七节　实施消费新群体培养行动，充分激活体育消费需求潜力

　　体育消费是产生于体育活动过程中的特定消费形态，消费者的体育消费意愿因体育锻炼行为差异而形成需求分层[①]。这一意愿受制于双重维度：经济基础作为物质载体决定消费能力边界，而体育消费意识则通过认知框架影响需求表达——具体表现为消费者对体育产品服务、环境设施及活动价值的感知与判断[②]。在经济发展驱动消费升级及人口老龄化、城市化加速的双重背景下，体育产业亟需通过培育新生代消费群体实现结构性突破：一方面可激活潜在市场需求以扩大市场规模，另一方面能优化消费结构应对人口红利变迁，最终为产业可持续发展注入创新动能与商业价值。

一、加强体育文化宣传

（一）传播体育的文化价值观

　　体育涵盖丰富门类与赛事。媒体可通过直播足球、篮球等项目及田径运动，

---

　　① 陈善平，王云冰. 不同锻炼行为阶段的体育消费心理 [J]. 体育科学，2008，28（11）：16-21.
　　② 代刚，仇军. 基于结构方程模型（SEM）的体育消费意识量表信效度分析与维度识别 [J]. 天津体育学院学报，2012，27（2）：97-102.

展现多元竞技文化。这种多维度呈现能吸引不同受众群体，尤其为初次接触者提供参与契机。专业平台可覆盖各类赛事转播，精准对接观众兴趣。

（二）推广不同体育项目

体育涵盖多样项目与赛事。媒体通过直播足球、篮球等运动（如冰球、田径），展现多元竞技文化。这种多元化吸引广泛受众，尤其是初次接触者。体育电视台及网站可覆盖各类赛事转播，精准满足不同爱好者的需求。

（三）社交媒体的力量

社交媒体是传播体育文化的强大工具。运动员、俱乐部和体育组织能够通过社交媒体平台与观众互动，分享赛事幕后故事及精彩瞬间。这种互动方式有效提升了观众参与感，有助于建立更深厚的情感联结。加强体育文化宣传是释放体育消费潜力的重要途径。通过传递体育的价值观、推广多样化的运动项目并借助新媒体手段（如社交媒体），我们既能提升公众对体育消费的认知，又能激发大众的参与热情，进而推动体育产业的蓬勃发展。这一举措对于实现体育行业的可持续发展及体育文化的传承具有重要意义。因此，我们应当积极倡导和支持此类措施，让更多人感受到体育的独特魅力与核心价值。

二、建设多样化的体育场馆和设施

（一）多功能体育场馆

多功能体育场馆凭借其高度灵活性，能够灵活转换用于举办各类体育赛事、文娱活动及文艺演出。这种功能整合不仅优化了资源配置，还显著提高了场馆使用效率，并由此带来更可观的运营效益。以足球场馆为例，通过简单改造即可转化为多功能空间——既能承接音乐会，又能承办展览，充分满足多样化活动需求。这一模式既提升了场馆的长期运营效能，又有效促进了体育与文化领域的跨界融合。

（二）社区级别的体育设施

社区级体育设施对提升体育消费便利性至关重要。其贴近居民生活圈的布局设计让日常健身更便捷。健身房、游泳池、篮球场、网球场、田径跑道及自行车道等覆盖全龄化需求。这些设施不仅保障居民身体健康，还促进社区凝聚力与邻里社交网络构建。

（三）可持续发展

可持续发展是现代社会的核心议题，贯穿于体育场馆及设施全生命周期建设中。应用环保建材与技术可有效降低资源消耗与生态足迹，而节能降耗及废弃物循环利用则是核心策略。通过采用绿色认证体系、光伏能源系统、智能节水装置及闭环回收网络，既能优化运营成本、削减环境负荷，又能营造健康舒适的运动空间，并实现可持续发展目标。

（四）体育场馆和设施的管理与可访问性

科学的场馆运营与动态化定价策略是保障体育设施普惠性的关键。管理方需兼顾多元用户群体的差异化需求（如家庭客群、教育机构、残障人士及老年群体），通过制定阶梯式价格机制与弹性时段设置，既可降低经济门槛、扩大服务覆盖范围，又能促进全民健身公平性。

通过建设多功能场馆、社区级设施并采取可持续发展措施，可提升体育服务的便利性与舒适度。此举推动产业增长、增强公众参与并促进健康积极生活方式。科学制定管理及可访问政策是关键举措。投资场馆设施建维工作为社会创造活力健康未来之必需。

三、推广体育赛事活动

（一）多样化的体育项目

传统足球、篮球等核心运动长期占据体育领域主导地位，凭借深厚历史积淀与庞大参与群体形成坚实根基。此类项目作为体能开发与竞技技能培养的核心载体，应成为"一校多品"特色学校的课程基石。与此同时，滑板、街舞等新兴时尚项目异军突起，其兼具运动机能与创意表达的双重价值正吸引年轻群体关注。学校可通过构建传统与创新并行的多元课程体系，精准触达包括非传统运动爱好者在内的各类学生群体，最终形成适配差异化需求的体育教育生态。

（二）体育赛事活动的举办

学校赛事体系可激发学生参与体育活动的内生动力，作为实践平台兼具技能锤炼、团队协作与良性竞争功能。校内竞赛通过角色分工强化组织能力培养，有效拓展校园体育参与维度。区域性及校级赛事则通过汇聚跨校资源进一步提升学校品牌价值，并形成家校社联动的观赛生态。教育机构应主动承办区域及跨校赛事，通过搭建竞技展演平台实现学生成长与校园传播的双赢效应。

（三）体育设施和装备的质量

高标准体育设施是提升校园运动质量的基础硬件支撑，在专业训练与竞赛场景中发挥关键作用。应建立场地设施分级维护机制（如天然草皮运动场、塑胶跑道、泳池水质系统等），通过定期检测与迭代升级实现全生命周期安全管理。鼓励推进场馆智慧化改造及复合型空间建设（如恒温泳池、可变式篮球场等），满足多样化运动场景需求。须建立场馆运营"双标管理"（卫生防疫与安全防护），配套急救设备及常态化应急演练机制，通过系统性设施升级与标准化运维管理，同步实现运动品质跃升、风险防控强化及校园品牌形象增值。

构建"一校多品"校园体育品牌体系（融合传统与新潮运动项目），通过打造分级赛事实训平台（联赛制、趣味赛等多元载体）激发运动需求侧活力，实现供给侧改革与体验质量提升的双重目标。该模式可系统性促进学生身心发展、社交赋能与文化传承；同时需配套场馆运维体系（含装备升级、双标管控），通过校社联动机制建立专项基金、空间共建等保障措施，最终形成健康可持续发展的校园体育生态。

四、发展体育旅游业

（一）家庭体育与休闲体育的重要性

构建家庭化、场景化的运动生态（涵盖休闲健身与亲子体育），通过促进健康、亲情联结与压力管理实现多维价值创造。此类活动以"淡化竞技属性，强化体验价值"的设计逻辑，推动全民运动普及与深度参与，最终为全民健身社会基础培育提供可持续支撑。

（二）体育旅游产品的创新

构建体旅融合消费场景，通过定制化运动度假套餐、健康疗愈主题线路、沉浸式训练营地及极限探索项目集群的全品类布局，以运动场景差异化设计精准匹配细分市场需求。该模式可激活体育旅游消费升级与产业附加值提升。

（三）目的地的选择和开发

构建体育旅游目的地发展需要建立三大战略支撑：首先通过"资源禀赋＋设施配套＋文化IP"的三维甄选机制筛选核心载体，其中需包含经国际认证的智慧型基础设施集群（如山地救援系统、赛级运动场馆）；其次需搭建PPP模式主导的政企协作平台，整合政府政策引导力、体育机构专业运营能力和文旅企业市场资源；最终要建立全流程服务保障体系，通过数字化安全管理系统实现风险分级管控，并配置多语种应急响应团队确保游客体验闭环。该模型可系统性解决目的地开发中的要素协同难题。

构建体育旅游消费生态是激活体育经济结构性增长引擎的核心路径，通过重构"运动＋休闲"产业价值链实现三重赋能：其一，以差异化产品矩阵（如家庭健康营、自然探险线路）与特色目的地体系的全要素资源整合，精准撬动大众市场；其二，借力体旅融合新生态培育健康生活方式入口，同步提升居民身心资本与区域经济动能；其三，通过文旅商数据联动平台建设，系统性创造兼具产业协同效应和社会价值的投资回报。该战略路径不仅为目的地创造可持续就业机会和消费场景创新空间，更重塑了旅行体验的积极价值观内核。

五、培养体育消费新群体

（一）全民健身科学指导的重要性

构建全民健身科学指导体系需聚焦三大战略支点：首先通过 AI 驱动的精准干预模型实现全民健康认知重构，其核心是建立基于可穿戴设备与生物传感器数据的个性化运动处方引擎；其次要完善"数字基建＋人才认证"双轮投资机制，包括部署社区级健康监测物联网节点及培养持证国民体育指导员队伍；最终需通过健康数据治理平台打通"评估－干预－反馈"闭环，并设置运动风险分级预警系统以保障参与安全。该体系可将科学指导转化率提升至 78%，直接带动体育消费转化率增长 23%（基于国家体育总局试点数据），实现全民健康与产业发展的双向赋能。

（二）"互联网＋体质健康全城约"模式

这一模式依托数字化基建构建基层健康服务网络。通过移动端与云平台提供定制化评估、训练方案及运动监测服务，有效提升居民运动行为转化率并显著增强体育消费渗透效率。

（三）激发体育消费热情需求

体育赛事、康体活动与教育体系联动可激活全龄段及多元群体消费潜力。俱乐部、社区组织和学校课程通过差异化产品矩阵精准匹配不同人群健身娱乐需求。

（四）培养体育消费新群体 dtgj

　　培育新兴消费客群需构建大众健身、细分领域及竞赛体系的分级服务网络。政企协同比例投入资源优化培训计划和会员权益设计，从而扩大体育参与用户基数。

　　完善全民健身科学指导体系，推广"互联网＋体质监测"全域服务模式，激活体育消费动能与需求潜力；通过构建分级培训矩阵和俱乐部生态培育新客群，可同步提升体育消费规模与质量。此举不仅强化全民健康福祉水平，更推动社会繁荣发展及文化传承进程。政府、体育组织及企业应强化资源协同与精准投资以塑造积极多元的国民体育文化生态。